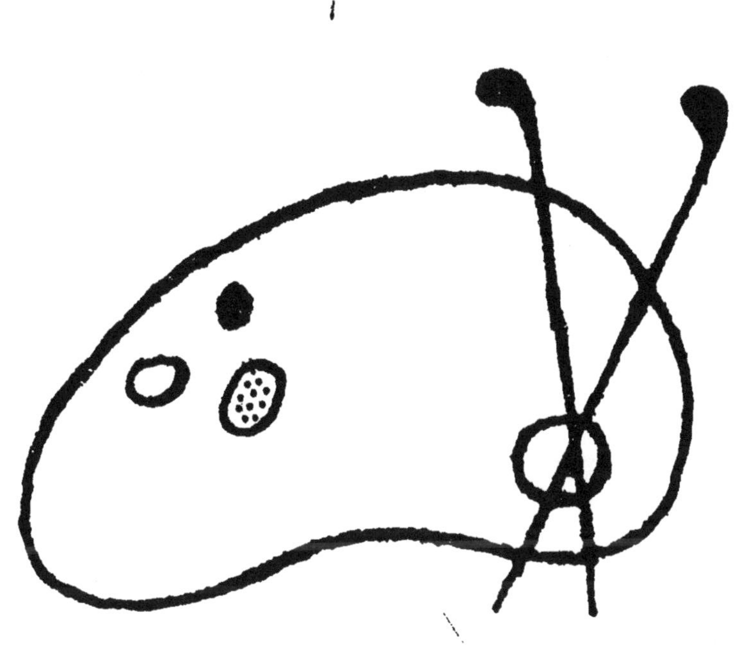

Début d'une série de documents en couleur

COLLECTION D'AUTEURS ÉTRANGERS

ŒUVRES COMPLÈTES DE FRÉDÉRIC NIETZSCHE
PUBLIÉES SOUS LA DIRECTION DE HENRI ALBERT

FRÉDÉRIC NIETZSCHE

Considérations inactuelles

David Strauss
De l'utilité et des inconvénients
des Études historiques

TRADUIT PAR

HENRI ALBERT

PARIS
SOCIÉTÉ DV MERCVRE DE FRANCE
XXVI, RVE DE CONDÉ, XXVI

MCMVII

MERCVRE DE FRANCE

XXVI, RVE DE CONDÉ — PARIS-VIe

Paraît le 1er et le 15 de chaque mois, et forme dans l'année six volumes.

Littérature, Poésie, Théâtre, Musique, Peinture, Sculpture Philosophie, Histoire, Sociologie Sciences, Voyages Bibliophilie, Sciences occultes Critique, Littératures étrangères, Revue de la Quinzaine

La **Revue de la Quinzaine** s'alimente à l'étranger autant qu'en France; elle offre un nombre considérable de documents, et constitue une sorte d' « encyclopédie au jour le jour » du mouvement universel des idées. Elle se compose des rubriques suivantes :

Epilogues (actualité) : Remy de Gourmont.
Les Poèmes : Pierre Quillard.
Les Romans : Rachilde.
Littérature : Jean de Gourmont.
Littérature dramatique : Georges Polti.
Histoire : Edmond Barthèlemy.
Philosophie : Jules de Gaultier.
Psychologie : Gaston Danville.
Le Mouvement scientifique : Georges Bohn.
Psychiatrie et Sciences médicales : Docteur Albert Prieur.
Science sociale : Henri Mazel.
Ethnographie, Folklore : A. van Gennep.
Archéologie, Voyages : Charles Merki.
Questions juridiques : José Théry.
Questions militaires et maritimes : Jean Norel.
Questions coloniales : Carl Siger.
Questions morales et religieuses : Louis Le Cardonnel.
Esotérisme et Spiritisme : Jacques Brieu.
Les Bibliothèques : Gabriel Renaudé.
Les Revues : Charles-Henry Hirsch.
Les Journaux : R. de Bury.
Les Théâtres : Maurice Boissard.
Musique : Jean Marnold.
Art moderne : Charles Morice.
Art ancien : Tristan Leclère.
Musées et Collections : Auguste Marguillier.
Chronique du Midi : Paul Souchon.
Chronique de Bruxelles : G. Eekhoud.
Lettres allemandes : Henri Albert.
Lettres anglaises : Henry-D. Davray.
Lettres italiennes : Ricciotto Canudo.
Lettres espagnoles : Gomez Carrillo.
Lettres portugaises : Philéas Lebesgue.
Lettres hispano-américaines : Eugenio Diaz Romero.
Lettres néo-grecques : Demetrius Asteriotis.
Lettres roumaines : Marcel Montandon.
Lettres russes : E. Séménoff.
Lettres polonaises : Michel Mutermilch.
Lettres néerlandaises : H. Messet.
Lettres scandinaves : P. G. La Chesnais.
Lettres hongroises : Félix de Gerando.
Lettres tchèques : William Ritter.
La France jugée à l'Etranger : Lucile Dubois.
Variétés : X...
La Curiosité : Jacques Daurelle.
Publications récentes : Mercure.
Echos : Mercure.

Les abonnements partent du premier des mois de janvier, avril, juillet et octobre

France		**Étranger**	
UN NUMÉRO.........	1.25	UN NUMÉRO.........	1.50
UN AN.............	25 fr.	UN AN.............	30 fr.
SIX MOIS..........	14 »	SIX MOIS..........	17 »
TROIS MOIS........	8 »	TROIS MOIS........	10 »

Poitiers. — Imprimerie du Mercure de France. BLAIS et ROY, 7, rue Victor-Hugo.

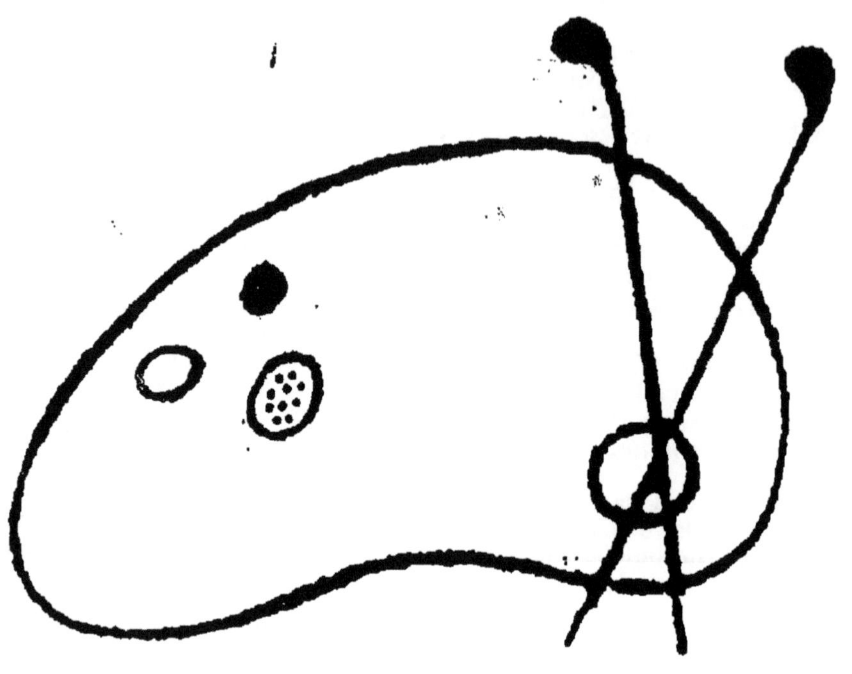

Fin d'une série de documents
en couleur

CONSIDÉRATIONS INACTUELLES

OUVRAGES DU MÊME AUTEUR

EN VENTE

PAGES CHOISIES, publiées par HENRI ALBERT, avec une préface. Portrait de Frédéric Nietzsche, gravé sur bois par JULIEN TINAYRE. Un fort vol. in-18........................ 3.50

L'ORIGINE DE LA TRAGÉDIE, ou *Hellénisme et Pessimisme*, traduit par JEAN MARNOLD et JACQUES MORLAND. Un volume in-18.. 3.50

CONSIDÉRATIONS INACTUELLES *(David Strauss. Les Études historiques)*, traduit par HENRI ALBERT. Un volume in-18. 3.50

HUMAIN, TROP HUMAIN (1re partie), traduit par A.-M. DESROUSSEAUX. Un volume in-18........................ 3.50

LE VOYAGEUR ET SON OMBRE, *Opinions et Sentences mêlées (Humain trop humain*, IIe partie). Vol. in-18............ 3.50

AURORE (*Réflexions sur les Préjugés moraux*), traduit par HENRI ALBERT. Un volume in-18........................ 3.50

LE GAI SAVOIR (*La Gaya Scienza*), traduit par HENRI ALBERT. Un volume in-18.. 3.50

AINSI PARLAIT ZARATHOUSTRA, traduit par HENRI ALBERT. Un volume in-18.. 3.50

PAR DELA LE BIEN ET LE MAL, *Prélude d'une Philosophie de l'avenir*, traduit par HENRI ALBERT. Un vol. in-18....... 3 50

LA GÉNÉALOGIE DE LA MORALE, traduit par HENRI ALBERT. Un volume in-18.. 3.50

LE CRÉPUSCULE DES IDOLES, LE CAS WAGNER, NIETZSCHE CONTRE WAGNER, L'ANTÉCHRIST, traduits par HENRI ALBERT. Un volume in-18.. 3.50

LA VOLONTÉ DE PUISSANCE. *Essai d'une transmutation de toute les valeurs*, traduit par HENRI ALBERT. 2 volumes in-18.... 7 »

SOUS PRESSE

CONSIDÉRATIONS INACTUELLES *(deuxième série)*............. 1 vol.

EN PRÉPARATION (volumes gr. in-18) :

HOMÈRE ET LA PHILOLOGIE CLASSIQUE. — DE L'AVENIR DE NOS ÉTABLISSEMENTS PÉDAGOGIQUES, etc........................ 1 vol.

LA PHILOSOPHIE PENDANT LA PÉRIODE TRAGIQUE DE LA GRÈCE, etc.. 1 vol.

POÈMES ET FRAGMENTS.. 1 vol.

ŒUVRES COMPLÈTES DE FRÉDÉRIC NIETZSCHE
PUBLIÉES SOUS LA DIRECTION DE HENRI ALBERT

FRÉDÉRIC NIETZSCHE

Considérations inactuelles

David Strauss
De l'utilité et des inconvénients des Études historiques

TRADUIT PAR

HENRI ALBERT

PARIS
SOCIÉTÉ DV MERCVRE DE FRANCE
XXVI, RVE DE CONDÉ, XXVI

MCMVII

IL A ÉTÉ TIRÉ DE CET OUVRAGE :

Dix exemplaires sur hollande, numérotés de 1 à 10.

JUSTIFICATION DU TIRAGE :

I

DAVID STRAUSS
SECTATEUR ET ÉCRIVAIN

(1873)

I.

Il paraît que l'opinion publique en Allemagne interdit de parler des conséquences néfastes et dangereuses d'une guerre, surtout s'il s'agit d'une guerre victorieuse. On écoute d'autant plus volontiers ces écrivains qui ne connaissent pas d'opinion plus importante que cette opinion publique et qui, par conséquent, rivalisent à louanger la guerre et les phénomènes puissants que produit son influence sur la morale, la civilisation et l'art. Malgré cela, il importe de l'exprimer, une grande victoire est un grand danger. La nature humaine supporte plus difficilement la victoire que la défaite. J'inclinerais même à penser qu'il est plus aisé de remporter une pareille victoire que de faire en sorte qu'il n'en résulte pas une profonde défaite. Mais une des conséquences néfastes qu'a provoquées la dernière guerre avec la France, la conséquence la plus néfaste, c'est peut-être cette erreur presque universellement répandue : l'erreur de croire, comme fait l'opinion publique, comme font tous ceux qui pensent publiquement, que c'est aussi la culture allemande qui a été victorieuse dans ces luttes et que c'est cette culture qu'il faut maintenant orner de couronnes qui seraient proportionnées à des événements et à des succès si extraordinaires. Cette illusion est extrêmement néfaste, non point parce que c'est une illusion — car il existe des illusions salutaires et fécondes — mais parce qu'elle pourrait bien transformer notre victoire en une complète défaite : *la défaite, je dirai même l'extirpation de l'esprit allemand, au bénéfice de « l'empire allemand »*.

En admettant même que ce soient deux cultures qui aient lutté l'une avec l'autre, l'échelle pour la valeur de la culture victorieuse n'en serait pas moins très relative et, dans certaines circonstances, ne justifierait nullement les cris de triomphe ou les acclamations. Car, il importerait, avant tout, de savoir quelle était la valeur de cette culture vaincue. Peut-être était-elle très inférieure. Auquel cas la victoire, fût-elle même un fait d'armes des plus brillants, ne serait point, pour la culture victorieuse, une invite à crier victoire. D'autre part, il ne peut être question, dans notre cas, d'une victoire de la culture allemande, pour la simple raison que la culture française continue à exister comme devant, et que nous continuons encore à dépendre d'elle. Cette culture allemande n'a même pas aidé au succès des armes. Une discipline sévère, une bravoure et une endurance naturelles, la supériorité du commandement, l'unité de vues et l'obéissance de ceux qui étaient commandés, bref, des éléments qui n'ont rien à voir avec la culture nous firent triompher des adversaires à qui manquaient les plus essentiels de ces éléments. La seule chose dont on pourrait s'étonner, c'est que ce qui s'appelle aujourd'hui « culture » en Allemagne ait si peu entravé les exigences militaires nécessaires à un grand succès, peut-être seulement parce que ce « quelque chose » qui veut s'appeler « culture » a trouvé, cette fois-ci, plus avantageux de se subordonner. Mais laisse-t-on grandir et se propager ce quelque chose, lui permet-on de contracter de mauvaises habitudes, en le berçant de l'illusion flatteuse que c'est lui qui a été victorieux, il aura alors assez de force pour extirper l'esprit allemand, comme je l'ai indiqué, et qui sait s'il restera quelque chose à faire avec l'organisme allemand qui subsistera !

S'il était possible de soulever contre l'ennemi intérieur cette bravoure impassible et opiniâtre que l'Allemand a opposée à la fougue pathétique et soudaine du Français, de la soulever contre cette fausse « civilisation », très douteuse et en tous les cas anti-nationale que, par un dangereux malentendu, on appelle aujourd'hui, en Allemagne, culture, tout espoir en une véritable culture allemande, l'opposé de cette fausse civilisation, ne serait pas perdu. Car l'Allemagne n'a jamais manqué de conducteurs et de chefs clairvoyants et audacieux, si ce n'est que les Allemands ont manqué à ces conducteurs.

Or, je commence à douter de plus en plus, qu'il soit possible de donner à la bravoure allemande cette direction nouvelle, et, depuis la guerre, cela me paraît de jour en jour plus improbable. Car je vois chacun pénétré de la conviction qu'une pareille lutte et une pareille bravoure ne sont plus du tout nécessaires, qu'au contraire la plupart des choses sont ordonnées aussi bien que possible, et qu'en tous les cas, tout ce qui importe a été trouvé et exécuté depuis longtemps, bref, que la meilleure graine de la culture a déjà été semée partout, au point qu'elle s'épanouit déjà, çà et là, dans sa fraîche verdure, ou même dans sa floraison luxuriante. Sur ce domaine ce n'est pas seulement de la satisfaction, c'est le bonheur et l'ivresse. Je retrouve cette ivresse et ce bonheur dans l'attitude singulièrement assurée des journalistes allemands et des fabricants de romans, de tragédies, de poèmes et de livres d'histoire, car il est visible que tous ces gens-là appartiennent à une même compagnie qui semble s'être conjurée pour prendre possession des heures de loisirs et de digestion de l'homme moderne, c'est-à-dire des instants où celui-ci désire s'instruire, pour le stupéfier alors en l'accablant de papier imprimé. Depuis la guerre, cette compagnie ne se tient plus de bonheur, de gravité et de prétentions. Car, après de pareils « succès de la culture allemande », elle croit non seulement avoir trouvé la confirmation d'elle-même, mais encore qu'elle a été élevée à une dignité presque sacro-sainte; c'est pourquoi elle parle sur un ton solennel, elle affectionne les apostrophes au peuple allemand, elle publie ses propres « œuvres complètes » à la façon des classiques, et proclame aussi, dans les organes qu'elle a à son service, que quelques-uns de ceux qui se trouvent dans son sein sont véritablement les nouveaux classiques allemands et les écrivains modèles. On pourrait peut-être s'attendre à ce que les dangers d'un pareil *abus du succès* soient reconnus par la partie instruite et réfléchie des intellectuels de l'Allemagne, ou à ce que l'on sente du moins ce qu'un pareil spectacle offre de pénible. Car, peut-on imaginer spectacle plus pénible que de voir quelqu'un qui est contrefait se prélasser devant une glace, comme un coq qui échange avec son image des regards admiratifs. Mais la caste des savants aime à laisser faire ce qui se fait et il lui suffit de s'occuper d'elle-même, sans prendre sur elle le souci de l'esprit allemand. De plus, ses membres ont, au plus haut degré, la certitude que leur propre éducation est le fruit le plus beau et le plus mûr de l'époque, et même de toutes les époques. Ils ne comprennent pas le souci que peut inspirer la culture générale allemande, parce qu'ils se sentent, eux et le plus grand nombre de leurs semblables, bien au-dessus des préoccupations de cette espèce. L'observateur attentif, surtout lorsqu'il est étranger, s'aperçoit du reste que, entre ce que le savant allemand appelle sa culture et cette culture triomphante des nouveaux classiques allemands, il n'existe de contradiction que par rapport à la quantité du savoir. Partout où ce n'est pas le savoir, mais le pouvoir, où ce n'est pas l'instruction, mais l'art qui entre en ligne de compte, partout où la vie doit marquer la qualité de la culture, il n'y a aujourd'hui qu'une seule et unique culture allemande — et l'on voudrait prétendre que cette culture aurait été victorieuse de la France ?

Sous cette forme, cette affirmation paraît absolument incompréhensible. C'est précisément le savoir plus étendu des officiers allemands, l'instruction plus grande des soldats allemands, la tactique militaire plus scientifique qui ont été reconnus, comme un avantage décisif, par tous les juges inpartiaux et finalement même par les Français. Dans quel sens pourrait-on dire, par conséquent, que c'est la culture allemande qui a été victorieuse, si l'on voulait en séparer l'érudition allemande ? Dans aucun, car les qualités morales de la discipline plus sévère, de l'obéissance plus tranquille n'ont rien à voir avec la culture et distinguaient, par exemple, l'armée macédonienne de l'armée grecque, laquelle était incomparablement plus civilisée. C'est donc se méprendre grossièrement que de parler d'une victoire de la civilisation et de la culture allemandes et cette confusion repose sur le fait qu'en Allemagne la conception nette de la culture s'est perdue.

La culture, c'est avant tout l'unité de style artistique dans toutes les manifestations vitales d'un peuple. Savoir beaucoup de choses et en avoir appris beaucoup, ce n'est cependant ni un moyen nécessaire pour parvenir à la culture ni une marque de cette culture et, au besoin, ces deux choses s'accordent au mieux avec le contraire de la culture, avec la barbarie, c'est-à-dire le manque de style ou le pêle-mêle chaotique de tous les styles.

Mais c'est précisément dans ce pêle-mêle chaotique de tous les styles que vit l'Allemand d'aujourd'hui. Comment se peut-il qu'il ne s'en aperçoive pas, malgré son savoir profond, comment fait-il pour se réjouir encore, de tout cœur, de sa « culture » actuelle? Tout devrait pourtant l'instruire : chaque regard jeté sur ses vêtements, son intérieur, sa maison, chaque promenade à travers les rues de ses villes, chaque visite dans ses magasins d'objets d'art et de mode; dans ses relations sociales il devrait se rendre compte de l'origine de ses manières et de ses mouvements, avoir conscience des grotesques surcharges et des juxtapositions de tous les styles imaginables que l'on retrouve dans nos établissements d'art, parmi les joies que nous procurent nos concerts, nos théâtres et nos musées. L'Allemand amoncelle autour de lui les formes et les couleurs, les produits et les curiosités de tous les temps et de toutes les régions, et engendre ainsi ce modernisme bariolé qui semble venir d'un champ de foire et qu'à leur tour, ses savants définissent et analysent, pour y voir « ce qu'il y a de moderne en soi »; et il demeure lui-même assis au milieu de ce chaos de tous les styles. Mais, avec ce genre de « culture », qui n'est, en somme, qu'une flegmatique insensibilité à l'égard de la culture, on ne peut pas vaincre un ennemi, et en tous les cas pas un ennemi comme les Français qui possèdent, eux, une culture véritable et productive, quelle que soit la valeur que l'on prête à celle-ci. Jusqu'à présent nous avons imité les Français en toutes choses, généralement avec beaucoup de maladresse.

Si nous avions vraiment cessé d'imiter les Français, nous ne pourrions pas prétendre, à cause de cela, que nous les avons vaincus; mais seulement que nous nous sommes délivrés de leur joug. C'est seulement au cas où nous leur aurions imposé une culture originale allemande qu'il pourrait être question du triomphe de cette culture allemande. Pour le moment, il nous suffit de constater que, pour tout ce qui en est la forme, avant comme après la guerre, nous dépendons encore — et il faut que nous dépendions — de Paris. Car, jusqu'à présent, il n'existe pas de culture allemande originale.

Tous, nous devrions savoir cela à notre sujet. De plus quelqu'un l'a révélé publiquement. Il appartient au petit nombre de ceux qui avaient le droit de le dire aux Allemands sur un ton de reproche. « Nous autres Allemands, nous sommes d'hier — disait un jour Gœthe à Eckermann — ; il est vrai que, depuis un siècle, nous avons cultivé solidement notre esprit, mais il se peut bien qu'il se passe encore quelques siècles avant que nos compatriotes se pénètrent d'assez d'esprit et de culture supérieure, pour que l'on puisse dire d'eux qu'il y a très longtemps *qu'ils ont été des barbares.* »

2.

Si pourtant notre vie publique et privée ne porte évidemment pas l'empreinte d'une culture productive et pleine de caractère, si nos grands artistes, avec une sérieuse insistance et une franchise qui est le propre de la grandeur, ont avoué et avouent encore ce fait monstrueux et profondément humiliant pour un peuple doué,comment est-il possible que, parmi les gens instruits de l'Allemagne,règne quand même cette grande satisfaction, une satisfaction qui, depuis la dernière guerre, se montre sans cesse prête à faire explosion, pour se changer en joie pétulante, en cris de triomphe? En tous les cas, l'on s'imagine que l'on possède une véritable culture et un petit nombre seulement qui forme l'élite, semble s'apercevoir de l'énorme disparate qu'il y a entre cette crédulité satisfaite et même triomphante, et une infériorité qui est notoire. Car tout ce qui pense comme pense l'opinion publique s'est bandé les yeux et s'est bouché les oreilles. On ne veut à aucun prix que ce contraste existe. D'où cela vient-il? Quelle est la force assez dominante pour prescrire cette non-existence? Quelle espèce d'hommes est devenue assez puissante en Allemagne pour interdire des sentiments aussi vifs et aussi simples, ou pour empêcher, du moins, que ces sentiments puissent s'exprimer? Cette puissance, cette espèce d'hommes, je veux l'appeler par son nom — je veux parler des *philistins cultivés*.

Le mot philistin est emprunté, comme chacun sait, au langage des étudiants. Il désigne, dans son acception la plus étendue, bien que dans un sens tout à fait populaire, le contraire du fils des muses, de l'artiste, de l'homme de haute culture. Le « philistin cultivé », dont nous nous sommes imposé la tâche peu agréable d'étudier ici le type et d'écouter les confessions, se distingue cependant de l'espèce commune du « philistin » par une superstition : il croit être lui-même fils des muses et homme cultivé. C'est là une illusion qui paraît inconcevable, et il faut en déduire qu'il n'a pas la moindre idée de ce qu'est le philistin et le contraire du philistin. Nous ne nous étonnerons donc pas si, la plupart du temps, il jure ses grands dieux qu'il n'est pas un philistin. Dépourvu de toute espèce de conscience de lui-même, il vit dans la ferme conviction que sa culture à lui est le type accompli de la vraie culture allemande. Et comme il trouve partout des gens cultivés pareils à lui, et que toutes les institutions scolaires, pédagogiques et artistiques, sont en rapport avec son degré de culture et avec ses besoins, il porte aussi partout avec lui la conviction triomphante qu'il est le digne représentant de la culture allemande actuelle, et il formule, en conséquence, ses prétentions et ses exigences. Or, si la vraie culture suppose en tous les cas l'unité du style, et lors même qu'une culture mauvaise et de décadence ne saurait aller sans une fusion de la variété de toutes les formes dans l'harmonie d'un style unique, on induira de là que la confusion qui s'est produite dans l'imagination du philistin cultivé tire son origine de ce fait que, rencontrant partout des répliques de lui-même, frappées au même coin que lui, celui-ci conclut de cette uniformité de tous les « gens cultivés », à une unité de style de l'éducation allemande, en un mot, à une culture. Autour de lui il constate partout les mêmes besoins, les mêmes opinions ; partout où il va, il trouve établi un régime de conventions tacites sur une foule de sujets, en particulier sur tout ce qui concerne la religion et l'art : cette imposante similitude, ce *tutti unisono* qui, sans qu'il soit besoin d'un ordre, éclate aussitôt de lui-même, le conduit à croire que cet accord est l'effet d'une « culture ». Mais le philistinisme systématique et triomphant, s'il n'est pas sans logique, ne constitue pas, de ce fait, une culture, même mauvaise ; il est au contraire l'opposé d'une culture, je veux dire une barbarie solidement établie. Car cette unité de type, qui saute aux yeux quand on passe en revue les gens cultivés de l'Allemagne actuelle, n'est unité que par la négation, consciente ou inconsciente, de toutes les formes et de toutes les lois fécondes au point de vue artistique, et qui sont la condition de tout style véritable. Il faut qu'un malheureux travers de l'esprit afflige le philistin cultivé, car il appelle civilisation ce qui en est précisément la négation, et, comme il procède logiquement, il finit par obtenir un groupement coordonné de ces négations, un système de *non-culture* auquel on pourrait même accorder une certaine « unité de style », en admettant toutefois que ce ne soit pas un non-sens de parler d'une barbarie qui aurait du style. Laisse-t-on le philistin décider librement entre un acte qui a du style et un acte qui n'en a pas, ce sera toujours ce dernier qu'il choisira et, en raison de la constance de ce choix, tous ses actes porteront uniformément la même estampille négative. Et cette estampille lui servira toujours à reconnaître le caractère de la « culture allemande » par lui patentée : dans tout ce qui ne la portera pas, il reconnaîtra ce qui lui est étranger et hostile. Le philistin cultivé, dans un cas semblable, se bornera à parer les coups, il ne fera que nier et ignorer, et se bouchera les oreilles en détournant les yeux. Même dans ses haines et ses inimitiés, il demeure un être négatif. Mais il ne détestera personne autant que celui qui le traite de philistin et lui dit ce qu'il est : il est l'obstacle qui arrête les créateurs et les forts, le labyrinthe où s'égarent ceux qui doutent, le marécage où s'enlizent ceux qui faiblissent, l'entrave qui retient ceux qui courent à des buts élevés, la brume empoisonnée qui étouffe les germes vivaces, le sable du désert qui dessèche l'esprit allemand anxieux et assoiffé de vie nouvelle. Car il *cherche*, cet esprit allemand! Et vous le haïssez parce qu'il cherche, et parce qu'il refuse de croire que vous avez déjà trouvé ce qu'il cherche. Comment le type du philistin cultivé a-t-il pu se former et, en admettant qu'il se soit formé, comment a-t-il pu s'élever à la puissance d'un juge souverain sur tous les problèmes de la civilisation allemande, alors qu'une série de grandes figures héroïques a passé devant nous, des génies qui, dans tous leurs gestes, dans l'expression de leur visage, dans leur voix interrogatrice, dans leur regard de flamme ne révélaient qu'une seule chose : *qu'ils étaient des chercheurs*, et que c'était avec ferveur et persévérance qu'ils cherchaient ce que les philistins croient posséder déjà : une culture allemande véritable et originale. Existe-t-il un terrain, telle semblait être leur question, un terrain assez pur, assez intact, d'une sainteté assez virginale, pour que l'esprit allemand choisisse celui-là et point un autre, afin d'y construire sa maison? Tout en posant cette question ils parcouraient le désert et les broussailles des temps misérables et des conditions étroites; et, dans leurs investigations, ils échappaient à nos yeux, de sorte que l'un d'eux a pu dire au nom de tous, à un âge très avancé : « Pendant un demi-siècle j'ai pris beaucoup de peine et ne me suis accordé aucun délassement, mais sans cesse j'ai cherché et agi, autant et aussi bien que je le pouvais. »

Quelle est l'opinion de notre culture de philistins sur ces chercheurs? — Elle les considère tout simplement comme des gens qui ont trouvé quelque chose et elle semble oublier qu'ils ne se considéraient eux mêmes que comme des chercheurs. Nous possédons notre culture, disent les philistins, car nous possédons nos « classiques » qui en sont le fondement, et l'édifice qui s'appuie sur ce fondement est déjà terminé, lui aussi, car nous sommes cet édifice. Et, tout en parlant ainsi, les philistins portent la main à leur propre front.

Mais pour ainsi mal juger les classiques allemands et pour pouvoir les vénérer en les insultant de la sorte, il faut les avoir oubliés complètement. C'est ce qui est généralement le cas. Car autrement on devrait savoir qu'il n'y a qu'une seule façon de les honorer, c'est de continuer à chercher dans le même esprit qu'eux et avec le même courage et de ne point se fatiguer de pareilles recherches. Par contre, leur accrocher l'épithète douteuse de « classiques » et s' « édifier » de temps en temps à la lecture de leurs œuvres, c'est s'abandonner à ces élans faibles et égoïstes que nos salles de théâtre et de concert promettent à leur public payant. Il en sera de même si on leur dresse des statues, si l'on donne leur nom à des sociétés ou si l'on célèbre des fêtes en leur honneur. Tout cela ne sont que des payements en monnaie sonnante, à quoi consent le philistin cultivé, pour pouvoir les ignorer pour le reste, et avant tout pour ne pas être forcé de marcher sur leurs traces et de poursuivre leurs recherches. Car, il faut cesser les investigations, c'est là le mot d'ordre des philistins.

Ce mot d'ordre avait jadis un certain sens. C'était dans les dix premières années du XIXe siècle, lorsque les vagues des recherches et des expériences multiples commencèrent à se soulever et à s'entrecroiser en Allemagne, lorsque les destructions, les promesses, les pressentiments et les espérances atteignirent de telles proportions que la moyenne de la bourgeoisie intellectuelle craignit avec raison pour elle-même. Elle haussa les épaules, à bon droit, devant ces mélanges de philosophies fantastiques et incongrues, devant ces considérations sur l'histoire si nébuleuses et pourtant si conscientes, devant ce carnaval de tous les dieux et de tous les mythes qu'imaginèrent les romantiques, devant cette débauche de modes et de folies poétiques que seule l'ivresse avait pu concevoir. A bon droit, dis-je, car le philistin n'a pas même droit aux excès. Mais, avec cette rouerie propre aux natures basses, il profita des circonstances pour mettre toute espèce d'esprit de recherche en état de suspicion et pour engager plutôt à résoudre les problèmes avec commodité. Son œil s'ouvrit au bonheur du philistin. Abandonnant l'expérience aventureuse, il se sauva dans l'idylle et opposa à l'instinct inquiet et créateur de l'artiste une certaine tendance au contentement, le contentement que l'on éprouve en face de sa propre étroitesse, de sa propre tranquillité, de son propre esprit borné. Ses doigts longs désignaient, sans inutile pudeur, tous les replis mystérieux et cachés de sa vie, toutes les joies naïves et touchantes qui croissaient dans les profondeurs misérables d'une existence inculte, comme d'humbles fleurs sur le marécage du philistinisme.

Il s'est trouvé des talents descriptifs qui ont su peindre d'un pinceau délicat le bonheur, la simplicité, l'intimité, la santé rustique et tout le bien-être qui enveloppe les chambres des enfants, des savants et des paysans. Munis de semblables livres d'images de la réalité, les partisans de la vie confortable cherchèrent à s'accommoder, une fois pour toutes, de ces classiques scabreux et de leurs invites à poursuivre les investigations. Ils imaginèrent l'idée que nous vivons à une époque d'épigone uniquement pour ne pas être troublés dans leur tranquillité et pour être prêts à repousser tous les novateurs gênants, en faisant passer leurs œuvres pour des produits d' « épigones ». Dans le but de conserver leur tranquillité, ces partisans d'une vie confortable s'emparèrent de l'histoire et cherchèrent à transformer toutes les sciences qui auraient encore pu troubler leur repos en simples branches de l'histoire. Ils agirent ainsi surtout avec la philosophie et la philologie classique. Par la conscience historique, ils se sauvèrent de l'enthousiasme, car ce n'était plus, comme l'avait encore pensé Gœthe, l'histoire qui provoquait l'enthousiasme. Non, le but de ces admirateurs antiphilosophiques du *nil admirari*, lorsqu'ils cherchent à comprendre toute chose au point de vue historique, c'est d'arriver à émousser les facultés. Tandis que l'on prétendait haïr le fanatisme et l'intolérance sous toutes leurs formes, on haïssait, au fond, le génie dominant et la tyrannie des véritables revendications de la culture. C'est pourquoi l'on employait toutes ses forces à paralyser, à entraver et à décomposer partout où l'on pouvait s'attendre à un mouvement jeune et puissant. Cette philosophie qui s'ingéniait à envelopper de phrases contournées la profession de foi philistine de son auteur, inventa de plus une formule pour la déification de la vie quotidienne. Elle affirma que tout ce qui est réel est raisonnable et, par là, elle gagna les bonnes grâces du philistin cultivé qui, bien qu'il aime les embrouillaminis, se considère, lui seul, comme une réalité, et envisage cette réalité comme la mesure de la raison. Dès lors, le philistin cultivé permit à chacun et à lui-même, de réfléchir, de faire des recherches esthétiques et scientifiques, avant tout de faire des vers, de la musique et même des tableaux, sans oublier les systèmes philosophiques, à condition, bien entendu, qu'à aucun prix il n'y eût quelque chose de changé et qu'on se gardât bien de toucher à ce qui est raisonnable et « réel », c'est-à-dire au philistin. Le philistin aime bien, il est vrai, s'abandonner de temps en temps aux débauches agréables et audacieuses de l'art, au scepticisme des recherches historiques, et le charme de pareils sujets de distraction et d'amusement est pour lui d'une certaine importance. Mais il sépare rigoureusement des futilités le « sérieux de la vie », et il entend par là ses affaires, sa position, y compris sa femme et ses enfants; et au nombre de ces futilités il compte à peu près tout ce qui touche à la culture. C'est pourquoi, malheur à l'art qui voudrait se prendre au sérieux, à l'art qui aurait des exigences et toucherait à ses affaires, à ses revenus, à ses habitudes — c'est-à-dire à tout ce qui chez le philistin est sérieux — un pareil art lui fait détourner les yeux, comme s'il se trouvait en présence de quelque chose d'impudique, et, avec des airs de gardien de la chasteté, y prévient la vertu qu'il faut protéger de n'y point porter les regards.

S'il montre tant d'éloquence à déconseiller, il est reconnaissant à l'artiste qui l'écoute et se laisse déconseiller. Il donne à entendre à l'artiste qu'on lui rendra la vie facile, qu'on ne lui demandera pas des chefs-d'œuvre sublimes, mais seulement deux choses : soit l'imitation de la réalité jusqu'à la singerie, dans des idylles, et dans des satires douces et pleines d'humour, soit de libres imitations d'après les œuvres des classiques les plus connus et les plus réputés, avec cependant une timide complaisance à l'égard du goût du jour. Car s'il n'apprécie que la copie minutieuse ou la fidélité photographique dans la représentation du présent, il sait que cette fidélité le glorifiera lui-même et augmentera le plaisir que procure la « réalité », tandis que la copie des modèles classiques ne lui nuira point et sera même favorable à sa réputation d'arbitre du goût traditionnel. Et, du reste, il n'en aura point de soucis nouveaux, car il s'est déjà mis d'accord avec les classiques, une fois pour toutes. En fin de compte, il inventera encore pour aider ses habitudes, ses jugements, ses antipathies et ses préférences une formule générale et de grand effet, il parlera de « santé » et éloignera le trouble-fête gênant en l'accusant d'être malade et exalté.

C'est ainsi que David Strauss, un véritable *satisfait* en face de nos conditions de culture, un philistin-type, parle une fois, avec des tournures de phrases caractéristiques de la « philosophie d'Arthur Schopenhauer, pleine d'esprit, il est vrai, mais souvent malsaine et peu profitable ». Car une circonstance fâcheuse veut que ce soit surtout sur ce qui est « malsain et peu profitable » que « l'esprit » aime à descendre avec une particulière sympathie et que le philistin lui-même, lorsqu'il lui arrive d'être *loyal* envers lui-même, éprouve en face des produits philosophiques que ses semblables mettent au jour quelque chose qui ressemble beaucoup à du manque d'esprit, bien que ce soit d'une philosophie saine et profitable.

Il arrive, çà et là, que les philistins, à condition qu'ils soient entre eux, boivent une bonne bouteille et se souviennent honnêtement et naïvement, *lorsque* la langue se délie, des grands faits de guerre auxquels ils ont pris part. Alors bien des choses viennent au jour que l'on cache généralement avec crainte. Il arrive même, à l'occasion, que l'un d'eux se mette à révéler les secrets essentiels de toute la confrérie. Récemment, un esthéticien notoire, appartenant à l'école de la raison de Hegel, a eu un de ces moments de franchise. Le prétexte, il est vrai, était assez singulier. On célébrait dans un bruyant cercle de philistins, la mémoire d'un homme qui était, véritablement, le contraire d'un philistin, et, qui plus est, avait péri par la main des philistins, au sens le plus absolu du terme. Je veux parler du superbe Hœlderlin, et l'esthéticien célèbre avait le droit, en cette occasion, de parler des âmes tragiques que la « réalité » fait périr, — le mot réalité, entendu, naturellement, dans le sens indiqué plus haut de « raison du philistin ». Mais la « réalité » s'est faite différente et l'on peut se demander si Hœlderlin serait parvenu à s'orienter dans notre grande époque contemporaine. « Je ne sais pas, dit Fr. Vischer, si sa tendre âme aurait pu supporter la rudesse qui accompagne toutes les guerres, et la corruption que nous voyons s'accroître depuis la guerre dans les domaines les plus variés. Peut-être serait-il retombé dans la désolation. Il possédait une âme sans défense ; il était le Werther de la Grèce, un amoureux sans espoir ; sa vie n'était que délicatesse et langueur, mais dans sa volonté il y avait aussi de la force et de la détermination, dans son style de la grandeur, de l'abondance et de la vie, au point que, çà et là, il faisait songer à Eschyle. Pourtant, son esprit manquait de dureté ; il aurait dû se servir de l'humour comme d'une arme. *Il ne pouvait pas admettre que, bien que l'on soit un philistin, on n'est pas pour cela un barbare.* » Ce dernier aveu nous importe, et non point les condoléances doucereuses du discoureur. Certes, on avoue que l'on est un philistin, mais à aucun prix on ne veut être un barbare. Ce pauvre Hœlderlin n'a malheureusement pas su faire cette subtile distinction (1). Il est vrai que lorsque l'on songe, en entendant le mot barbarie, au contraire de la civilisation et peut-être même aux pirates et aux anthropophages, on aura raison de séparer les termes. Mais apparemment l'esthéticien veut nous dire que l'on peut être philistin et pourtant homme civilisé. Voilà l'humour qui manquait à ce pauvre Hœlderlin et il est mort de ce manque d'humour.

Dans la même occasion, l'orateur a laissé échapper un second aveu : « Ce n'est pas toujours la force de volonté, mais souvent *la faiblesse* qui *nous* fait passer outre, en face de l'aspiration à la beauté que les âmes tragiques sentent en elles avec tant de violence. » — C'est à peu près dans ces termes qu'a été faite cette confession, prononcée au nom de ces « *nous* » assemblés, de ceux qui ont « passé outre », « passé outre par faiblesse » ! Contentons-nous de l'aveu ! Maintenant nous avons appris deux choses, de la bouche même d'un initié : d'une part que ces « *nous* » ont véritablement passé sur l'aspiration à la beauté, qu'ils ont même passé outre ; et,

(1) La violente apostrophe de Hœlderlin, touchant la barbarie éternelle et irrémédiable des Allemands, se trouve dans *Hyperion*. — N. d. T.

d'autre part, qu'ils l'ont fait par faiblesse. Cette faiblesse, dans des moments moins enclins à la franchise, s'ornait d'un plus beau nom, et c'était la fameuse « santé » des philistins cultivés. Mais après cette indication de date récente, on pourrait peut-être recommander de parler d'eux non plus comme de gens « bien portants », mais comme d'*infirmes*, ou encore comme de *faibles*. Si du moins ces faibles n'avaient pas la puissance ! Hélas ! quelle importance peut avoir pour eux le nom qu'on leur donne ! Car ils sont les dominateurs, et domine mal qui ne saurait supporter un sobriquet. Pourvu que l'on ait le pouvoir, on apprend alors à se moquer même de soi-même. Il importe peu que le puissant donne prise sur lui-même : la pourpre couvre tout, tout est caché par le manteau du triomphateur ! La force du philistin cultivé s'affirme, lorsqu'il arme ses faiblesses. Et plus il avoue, plus il avoue avec cynisme, plus il laisse deviner l'importance qu'il se donne et la supériorité qu'il croit avoir. Nous sommes à la période où le philistin aime cyniquement. De même que Frédéric Vischer a fait des aveux en prononçant un discours, de même David Strauss s'est confessé dans tout un livre. Cette confession est cynique comme l'était ce discours.

3

D'une double façon David Strauss fait des aveux

sur cette culture du philistin, par la parole et par l'action : par la parole du sectateur et par l'action de l'écrivain. Son livre, qui porte le titre *l'Ancienne et la Nouvelle Foi*, est une confession ininterrompue, d'une part par son sujet et d'autre part en tant que livre et produit littéraire. Dans le fait qu'il se permet de faire confession publique de sa foi il y a déjà un aveu. — Le droit d'écrire sa biographie revient à chacun lorsqu'il a dépassé la quarantaine ; car même le plus infime se trouve parfois dans le cas d'avoir vécu quelque chose, d'avoir vu quelque chose de près dont le penseur peut tirer parti. Mais présenter une confession de foi peut paraître infiniment plus prétentieux, parce que cela fait supposer que celui qui la présente accorde de l'importance non seulement à ce qu'il a vu, étudié et vécu, mais encore à ce qu'il a cru. Or, le penseur véritable souhaitera de savoir, après toute autre chose, ce que ces natures à la façon de Strauss considèrent comme leur foi, et ce qu'elles ont « imaginé à moitié en songe » (p. 10) sur des choses dont ceux-là seuls ont le droit de parler qui les connaissent de première main. Qui donc éprouverait le besoin d'entendre une confession de foi de Ranke ou de Mommsen, lesquels sont d'ailleurs des savants et des historiens d'un tout autre acabit que ne le fut David Strauss ? Et cependant, s'ils voulaient nous entretenir de leurs croyances et non plus de leurs connaissances scientifiques, ils dépasseraient, de fâcheuse façon, les limites qu'ils se sont tracées. C'est justement ce que fait Strauss lorsqu'il parle de sa foi. Personne n'éprouve le besoin de savoir quelque chose à ce sujet, si ce n'est peut-être quelques adversaires bornés des idées straussiennes qui derrière celles-ci flairent des préceptes vraiment sataniques et qui doivent souhaiter de voir Strauss compromettre ses affirmations savantes par la manifestation d'arrière-pensées à un tel point diaboliques. Peut-être ces individus grossiers ont-ils même trouvé leur compte dans le dernier livre. Nous autres, qui n'avion aucune raison de flairer ces arrière-pensées diaboliques, nous n'avons rien trouvé de ce genre, et, lors même qu'il y aurait quelque peu de satanisme en surplus, nous n'en serions point mécontents. Car, certainement, aucun esprit malfaisant ne parle de sa nouvelle foi comme en parle Strauss, et encore moins un véritable génie. Ce sont seulement ces hommes que Strauss nous présente en les appelant « *nous* » qui peuvent parler ainsi, ces hommes qui, lorsqu'ils nous exposent leur croyance, nous ennuient encore plus que quand ils nous racontent leurs rêves, qu'ils soient « savants ou artistes, fonctionnaires ou soldats, artisans ou propriétaires, de ceux qui vivent dans le pays par milliers, et non des moindres ». Si loin de vivre à l'écart et dans le silence, à la ville et à la campagne, ils voulaient se manifester par leurs confessions, le bruit de leur *unisono* ne parviendrait pas à tromper sur la pauvreté et la vulgarité de la mélodie qu'ils chantent. Comment cela peut-il nous disposer favorablement, lorsque nous apprenons qu'une profession de foi, partagée par un grand nombre, est faite de telle sorte que si chacun de ceux qui composent ce grand nombre s'apprêtait à nous la raconter, nous ne le laisserions pas terminer et nous l'arrêterions en bâillant? Si tu es animé d'une pareille croyance — ainsi nous faudrait-il lui parler — au nom du ciel, ne la révèle pas. Peut-être y eut-il jadis quelques innocents qui cherchèrent en David Strauss un « penseur ». Maintenant ils ont trouvé le « croyant » et ils s'en vont désappointés. S'il s'était tu, pour ce petit nombre, il serait resté le philosophe. Tandis que maintenant il ne l'est plus pour personne. Mais il n'ambitionne plus même les honneurs réservés au penseur; il veut seulement être un nouveau croyant, et il est fier de sa « foi nouvelle ». En affirmant cette nouvelle foi par écrit, il croit rédiger le catéchisme des « idées modernes » et construire la vaste « route de l'avenir ». De fait, nos philistins ne sont plus craintifs et honteux, ils sont, au contraire, remplis d'assurance jusqu'au cynisme.

Il y eut un temps, lointain à vrai dire, où le philistin était simplement toléré comme quelque chose qui ne parle pas et dont on ne parle pas. Il y eut un autre temps où on lui caressait les rides, le trouvant drôle et aimant à parler de lui. A cause de cela, il devint fat. Il le devint peu à peu, et il se réjouit, de tout cœur, de ses rides et de ses particularités prudhommesques. Alors il se mit à parler de lui-même, à peu près dans la manière de la musique bourgeoise de Riehl.

Mais que vois-je ?
Est-ce une ombre ? Est-ce la réalité ?
Comme mon barbet se fait grand et large (1) *!*

Car maintenant il se roule déjà comme un rhinocéros sur la « grande route de l'avenir », et au lieu de grognements et d'aboiements nous percevons le ton altier du fondateur de religion. Serait-ce peut-être votre bon plaisir, monsieur le Magister, de fonder la religion de l'avenir ? « Les temps ne me semblent pas encore venus (p. 8). Je ne songe même pas à vouloir détruire une église. » — Mais pourquoi donc pas, monsieur le Magister ? L'important c'est de le pouvoir. Du reste, pour parler franchement, vous vous imaginez vous-même que vous le pouvez. Voyez plutôt la dernière page de votre livre. Là, vous croyez déjà pouvoir affirmer que votre nouvelle route est « la seule grande voie de l'avenir, cette voie qui n'est encore que partiellement terminée et qui a surtout besoin d'être utilisée d'une façon plus générale pour devenir commode et agréable. » Ne continuez donc pas à nier.

(1) Gœthe, *Faust*, scène du cabinet d'étude. — N. d. T.

Le fondateur de religion s'est démasqué, il a construit la nouvelle route commode et agréable qui mène au paradis de Strauss. C'est seulement le carrosse dans lequel vous voulez nous conduire, ô homme modeste, qui ne vous satisfait pas complètement. Vous dites finalement : « Je ne veux pas prétendre que la voiture à laquelle mes chers lecteurs ont dû se confier avec moi réponde à toutes les exigences (p. 367). On s'y sent horriblement cahoté ». Nous y voilà : vous voulez qu'on vous fasse un compliment, galant fondateur de religion ! Mais nous prétendons vous parler franchement. Si votre lecteur se prescrit à lui-même les 368 pages de votre catéchisme religieux, de façon à en lire une page chaque jour de l'année, si donc il les absorbe à très petites doses, nous croyons qu'il finira par s'en mal trouver. Et cela par dépit de voir que l'effet ne se produit pas. Qu'il avale donc de bon cœur ! en en prenant autant que possible d'un seul coup, comme l'exige la prescription de tous les livres d'actualité. Alors la boisson ne fera pas de mal, alors le buveur ne sera pas, après coup, mal à son aise et irrité, mais gai et de bonne humeur, comme s'il ne s'était rien passé, comme si aucune religion n'avait été détruite, comme si l'on n'avait pas construit de voie universelle, comme si l'on n'avait pas fait de confessions. — Voilà ce qui s'appelle un effet salutaire ! Le médecin, le remède et la maladie, tout a été oublié ! Et quel rire joyeux ! Quelle continuelle provocation au rire ! Vous êtes enviable, Monsieur, car vous avez fondé la religion la plus agréable, celle dont on honore sans cesse le fondateur, en se moquant de lui.

4.

Le philistin comme fondateur d'une religion de l'avenir, — voilà la foi nouvelle sous sa forme la plus incisive. Le philistin devenu fanatique, — voilà le phénomène insolite qui distingue l'Allemagne d'aujourd'hui. Mais, pour ce qui en est de cet enthousiasme fanatique, gardons provisoirement une certaine circonspection. David Strauss, lui-même, ne nous l'a-t-il pas conseillé dans une phrase pleine de sagesse ? Il est vrai qu'à première vue nous ne devons pas songer à Strauss lui-même, mais au fondateur du christianisme (p.80). « Nous le savons, il y eut des fanatiques nobles et pleins d'esprit. Un fanatique peut stimuler et élever l'esprit, il peut aussi étendre très loin son influence historique ; nous nous garderons cependant de le choisir comme guide de notre vie. Il nous écarterait du droit chemin, pour peu que nous ne placions point son influence sous le contrôle de la raison. » Nous savons plus encore, nous savons qu'il peut aussi y avoir des fanatiques sans esprit, des fanatiques qui ne stimulent et n'élèvent point et qui espèrent cependant avoir une longue influence historique et dominer l'avenir. Combien plus nous faut-il veiller à placer aussi ce fanatisme-là sous le contrôle de la raison! Lichtenberg (1) croit même qu'il y a des fanatiques sans talent et que c'est alors que ces fanatiques deviennent des gens vraiment dangereux. Provisoirement nous demandons, pour pouvoir exercer ce contrôle de la raison, à ce que l'on réponde franchement à trois questions. Premièrement : comment les croyants de la nouvelle foi se figurent-ils le ciel? En deuxième lieu : jusqu'où va le courage que lui procure la foi nouvelle ? En troisième lieu : comment écrit-il ses livres ? Strauss, le sectateur, doit répondre aux deux premières questions, Strauss, l'écrivain, répondra à la troisième.

Le ciel du nouveau croyant ne pourra être ailleurs que sur la terre, car « la perspective chrétienne d'une vie éternelle et divine, de même que les autres consolations, sont irrémédiablement perdues » pour celui qui se place au point de vue de Strauss, « ne fût-ce que sur un pied » (p. 364). Cela n'est pas sans importance qu'une religion s'imagine son ciel fait de telle ou telle façon ; et, s'il est vrai que le christianisme ne connaît pas

(1) G. Ch. Lichtenberg (1742-1799), mathématicien distingué, laissa des aphorismes curieux, où se trouve un singulier mélange d'esprit français et d'érudition allemande. — N. d. T.

d'autres occupations divines que de chanter et de faire de la musique, il va de soi que le philistin à la Strauss ne pourra voir là de perspective consolante. Il y a cependant dans la profession de foi une page toute paradisiaque, c'est la page 294 et le philistin bienheureux ne manquera pas de faire dérouler pour lui ce parchemin. Le ciel tout entier descendra alors jusqu'à lui. « Nous voulons indiquer seulement quelle est notre attitude, écrit Strauss, indiquer quelle fut notre attitude depuis de longues années. A côté de notre profession — car nous appartenons aux professions les plus différentes, et nous ne sommes nullement que des savants et des artistes, mais aussi des fonctionnaires et des soldats, des artisans et des propriétaires, et, comme je l'ai déjà dit, nous ne sommes pas un petit nombre, mais nous sommes plusieurs milliers et non des moindres dans toutes les contrées — à côté de notre profession nous essayons de garder l'esprit aussi ouvert que possible pour tous les intérêts supérieurs de l'humanité. Durant les dernières années nous avons pris un intérêt très vif à la grande guerre nationale et à l'établissement de l'empire allemand. Notre cœur s'élève à la pensée de ce changement, aussi inattendu que magnifique, dans la destinée de notre nation si durement éprouvée. Nous aidons à l'entendement de ces choses par des études historiques, qui sont maintenant devenues accessibles, même au laïque, par une série d'ouvrages aussi attrayants que populaires. Avec cela nous essayons d'augmenter nos connaissances de la nature, au moyen de manuels qui sont à la portée de tout le monde. Et enfin nous trouvons dans les écrits de nos grands poètes, à l'audition des œuvres de nos grands musiciens de quoi stimuler d'une façon parfaite notre esprit et nos sentiments, notre imagination et notre humour. C'est ainsi que nous vivons, et que nous marchons dans le bonheur. »

— Voilà notre homme! s'écrie triomphalement le philistin qui lit cela. Car, pense-t-il, c'est véritablement ainsi que nous vivons, c'est ainsi que nous vivons tous les jours. Et, comme Strauss s'entend bien à employer les circonlocutions! Que veut-il dire, quand il parle des études historiques qui aident à notre compréhension de la situation politique, si ce n'est ceci qu'il recommande la lecture des journaux? Et en parlant de notre participation vivante à l'édification de l'Etat allemand, entend-il autre chose que notre séjour quotidien à la brasserie? Une promenade au jardin zoologique n'est-elle pas le meilleur moyen vulgarisateur, par quoi nous élargissons notre connaissance de la nature? Et enfin, le théâtre et le concert où nous puisons « des stimulants pour notre imagination et notre humour » qui nous satisfont « d'une façon parfaite ». Comme cela est dit avec esprit et dignité! Voilà notre homme! car son ciel est notre ciel.

C'est ainsi que triomphe le philistin. Et, si nous ne sommes pas aussi satisfaits que lui, cela tient au fait que nous désirons en savoir davantage. Scaliger avait l'habitude de dire : « N'est-il pas indifférent pour nous que Montaigne ait bu du vin rouge ou du vin blanc ! » Mais combien nous apprécierions, dans notre cas, beaucoup plus important une déclaration aussi catégorique ! Que serait-ce, si nous pouvions apprendre combien de pipes fume tous les jours le philistin, selon le rite de la foi nouvelle, ou quel est le journal qui lui est le plus sympathique, lorsqu'il le lit en buvant son café, la *Gazette nationale* ou la *Gazette de Spener ?* Hélas ! notre curiosité n'est point satisfaite ! Nous ne recevons d'éclaircissements que sur un seul point. Heureusement qu'il s'agit du ciel dans le ciel, c'est-à-dire de ces petits cabinets d'esthétique privée qui sont voués aux grands poètes et aux grands musiciens, ces endroits où le philistin « s'édifie », où, selon son aveu, « toutes ses taches sont enlevées et lavées » (p. 363), de sorte que nous ne pouvons faire autrement que de considérer ces petits cabinets privés comme de véritables établissements de bains. « Cependant, il n'en est ainsi que durant des moments fugitifs, et seulement dans le domaine de l'imagination ; aussitôt que nous revenons à la dure réalité, nous confinant de nouveau dans la vie étroite, la misère ancienne nous envahit de nouveau de tous les côtés. » — C'est ainsi que gémit notre magister.

Mais profitons des moments fugitifs, où nous pouvons séjourner dans cette petite chambre. Le temps nous suffit pour envisager, sous toutes ses faces, l'image idéale du philistin, c'est-à-dire *le philistin lavé de toutes ses souillures*, qui maintenant est le type pur du philistin. Sérieusement, ce qui s'offre ici est instructif. Que personne de ceux qui ont été victimes de la profession de foi ne laisse tomber le livre de ses mains sans avoir lu les deux chapitres qui portent le titre « de nos grands poètes » et « de nos grands musiciens ». C'est là que se dresse l'arc-en-ciel de la nouvelle alliance, et celui qui ne prend pas plaisir à le contempler « est irrémédiablement perdu », comme dit Strauss en une autre occasion, mais comme il pourrait dire également ici, en ajoutant : « celui-là n'est pas encore mûr pour notre point de vue ». N'oublions pas que nous sommes au ciel le plus élevé. L'enthousiaste périégète s'apprête à être notre guide et il s'excuse si l'extrême plaisir que lui procurent toutes les splendeurs le fera parler un peu trop longtemps. « S'il m'arrive, dit-il, de devenir plus loquace que ne le commanderaient les circonstances, le lecteur voudra bien me le pardonner car les lèvres débordent chez celui dont le cœur est plein. Qu'il soit pourtant préalablement assuré d'une chose, c'est que tout ce qu'il va lire ne se compose pas de pages écrites autrefois et que j'intercale ici, mais bien de passages composés pour la circonstance présente » (p. 296). Cet aveu nous cause un moment d'étonnement. Qu'est-ce que cela peut bien nous faire que tous ces jolis petits chapitres aient été écrits exprès! S'il ne s'agissait que d'écrire ! Entre nous soit dit, je souhaiterais qu'ils fussent écrits un demi-siècle plus tôt. Je saurais du moins alors pourquoi les idées me paraissent si incolores, et pourquoi elles ont sur elles une certaine odeur de vétusté. Mais ce qui me paraît problématique, c'est que quelque chose ait pu être écrit en 1872 et sente le moisi déjà dans la même année. Admettons une fois que quelqu'un s'endorme en lisant ces chapitres et en respirant leur odeur... De quoi pourra-t-il bien rêver ? Un ami m'en a fait part, car la chose lui est arrivée. Il se mit à rêver d'un cabinet de figures de cire : les auteurs classiques se trouvaient là, joliment imités en cire et en verroterie. Ils pouvaient remuer les bras et tourner de l'œil, tandis qu'un mécanisme à l'intérieur produisait un craquement singulier. Mais il vit quelque chose qui l'inquiéta. C'était une figure informe couverte de rubans et de papier décoloré, qui portait dans sa bouche une étiquette, où était écrit le mot « Lessing ». Mon ami voulut s'approcher de plus près. Il aperçut alors quelque chose d'épouvantable: c'était la chimère homérique : par devant cela resemblait à Strauss, par derrière à Gervinus, au milieu à une chimère, et, dans l'ensemble, c'était Lessing. Cette découverte lui fit pousser un cri d'effroi. Il se réveilla et ne continua pas sa lecture. Pourquoi donc, monsieur le magister, avez-vous écrit des chapitres aussi bourbeux ?

A vrai dire, ces chapitres nous apprennent certaines choses nouvelles, par exemple ceci, que l'on sait par Gervinus comment et pourquoi Gœthe n'était pas un talent dramatique; et encore que Gœthe, dans la seconde partie de son *Faust*, a engendré un produit à la fois allégorique et schématique; et aussi que *Wallenstein* est un *Macbeth* et, tout à la fois, un *Hamlet;* et de plus que, dans les *Années d'apprentissage de Wilhelm Meister*, le lecteur de Strauss épluche les nouvelles, comme les enfants mal élevés sortent les raisins de Corinthe et les amandes d'une pâte de gâteau; et, ensuite, que sans l'expressif et l'empoignant on ne saurait atteindre sur la scène d'effet dramatique; et qu'enfin Schiller est sorti de Kant comme d'un établissement hydrothérapique. Tout cela est évidemment nouveau et frappant, mais cela ne nous « prend » pas, bien que cela surprenne. Et avec autant de certitude que nous affirmons que c'est nouveau, nous pouvons dire aussi que cela ne vieillira jamais, parce que cela ne fut jamais jeune, à cause de sa caducité originelle. Quelles merveilleuses pensées sont celles de ces bienheureux nouveau style, dans leur royaume des cieux esthétique! Et pourquoi n'ont-ils pas au moins oublié quelque chose, du moment qu'il s'agit de quelque chose d'aussi inesthétique, d'aussi périssable, quelque chose d'aussi visiblement scellé du sceau de la niaiserie que les préceptes de Gervinus! Il semble pourtant que l'humble grandeur d'un Strauss et l'orgueilleuse petitesse d'un Gervinus ne s'entendent que trop bien. Gloire alors à tous les bienheureux, gloire aussi à nous autres réprouvés, si ce juge incontesté de l'art poursuit encore l'enseignement de son enthousiasme d'emprunt, et promène « partout le galop de son cheval de louage », comme dit l'honnête Grillparzer avec la netteté qui convient, au point que bientôt le ciel tout entier résonnera sous le sabot de cet enthousiasme galopant! Certes, il y aura alors plus d'animation et plus de bruit que maintenant où l'enthousiasme de notre guide divin se glisse sur des chaussons de feutre, où l'éloquence molle de son langage fatigue à la longue et finit par dégoûter. Je ne serais pas fâché de savoir quels accents aurait un alléluia dans la bouche de Strauss. Je crois qu'il faut y prêter toute son attention, autrement on risquerait de se tromper et d'entendre une excuse polie ou une galanterie chuchotée. Je puis relater, à ce propos, un exemple instructif et qu'il importe de ne pas suivre. Strauss en a beaucoup voulu à l'un de ses adversaires, de ce que celui-ci osa parler de ses révérences devant Lessing — le malheureux avait simplement mal entendu. Il est vrai que Strauss prétendit qu'il fallait être de sens obtus, pour ne pas comprendre que les simples paroles, relatives à Lessing (au paragraphe 90), venaient du cœur. Je ne songe nullement à mettre en doute cette chaleur. Au contraire, s'adressant à Lessing, de la part de Strauss, elle m'a toujours paru être sujette à caution. Cette même chaleur suspecte à l'adresse de Lessing, je la retrouve, poussée jusqu'à l'ébullition, chez Gervinus. Somme toute, il n'y a pas de grand écrivain allemand qui soit plus populaire chez les petits écrivains allemands que Lessing. Et pourtant, je me garderai bien d'avoir de la reconnaissance à l'égard de ceux-ci; car, que louent-ils en somme chez Lessing? D'une part son universalité : il est critique et poète, archéologue et philosophe, dramaturge et théologien; d'autre part, « cette unité de l'écrivain et de l'homme, du cerveau et du cœur ». Ce dernier trait de caractère distingue tous les grands écrivains et parfois aussi les petits et au fond le cerveau étroit s'accorde terriblement bien avec le cœur étroit. Et le premier trait de caractère, cette universalité, n'est nullement une distinction, surtout parce que, dans le cas de Lessing, elle fut amenée par la nécessité. Bien plus, ce qu'il y a justement de singulier chez ces admirateurs de Lessing, c'est qu'ils ne portent pas leur regard sur cette misère dévorante qui poursuivit Lessing durant toute sa vie et le poussa à cette « universalité », qu'ils ne sentent pas qu'un pareil homme se consuma trop vite, semblable à une flamme, qu'ils ne s'indignent pas de l'étroitesse et de la pauvreté de son entourage, — les savants en particulier — une étroitesse qui ne peut qu'obscurcir, tourmenter et étouffer une organisation aussi tendre et aussi ardente que la sienne — de sorte que cette universalité tant prisée devrait plutôt engendrer une compassion profonde. « Plaignez donc, s'écrie Gœthe, plaignez l'homme extraordinaire de ce qu'il ait vécu à une époque tellement pitoyable qu'il lui fallut sans cesse agir par des polémiques. »

Comment, vous, mes bons philistins, vous pouvez songer sans honte à Lessing qui fut précisément anéanti par votre stupidité, dans la lutte avec vos butors et vos bonzes ridicules, avec les tares de vos théâtres, de vos savants et de vos théologiens, anéanti, sans oser une seule fois ce coup d'ailes éternel, pour lequel il était venu au monde? Et quel est votre sentiment lorsque vous évoquez la mémoire de Winkelmann, qui, pour se délivrer de la vue de vos grotesques pédanteries, alla mendier du secours chez les jésuites, et dont l'ignominieuse conversion ne le déshonore pas lui, mais vous ? Vous osez même nommer le nom de Schiller sans rougir? Regardez son image! L'œil scintille qui regarde avec mépris par-dessus vos têtes. Ces joues dont les rougeurs portent les stigmates de la mort ne vous disent rien ? Vous aviez là un de ces superbes jouets divins que vos mains ont brisé. Et si, dans cette vie étiolée et traquée jusqu'à la mort, vous enleviez l'amitié de Gœthe, c'est par votre faute qu'elle se serait éteinte plus tôt encore. Tous vos grands génies ont accompli l'œuvre de leur vie sans que vous y ayez contribué, et maintenant vous voudriez ériger ces œuvres en dogmes, pour que l'on ne puisse plus encourager personne de ceux qui viendront dans l'avenir! Mais, chez chacun d'eux vous avez été cette « résistance du monde obtus » que Gœthe appelle par son nom dans l'épilogue à la *Cloche*, pour chacun vous avez été les grognons hébétés, les êtres étroits et envieux, ou méchants et égoïstes. Malgré vous, les génies ont créé leur œuvre ; c'est contre vous qu'ils ont dirigé leurs attaques, et, grâce à vous, ils s'effondrèrent trop tôt, brisés ou stupéfiés par la lutte, laissant un travail inachevé. Et c'est à vous que l'on permettrait maintenant, *tamquam re bene gesta*, de louer de pareils hommes! De les louer avec des paroles qui laissent deviner à qui s'adresse au fond votre louange, et qui, pour cette raison, « pénètre jusqu'au cœur avec tant de feu » qu'il faut vraiment être de sens obtus pour ne pas comprendre devant qui vous vous inclinez. Vraiment, s'écriait déjà Gœthe, nous avons besoin d'un Lessing, et malheur à tous les magisters vaniteux, malheur à ce ciel esthétique si le jeune tigre dont la force inquiète se manifeste partout par le regard ardent et les muscles gonflés, s'en va rôder après le butin!

5.

Comme mon ami eut raison de ne plus vouloir poursuivre sa lecture lorsqu'il fut éclairé, par cette figure fantasmagorique, au sujet du Lessing de Strauss et au sujet de Strauss lui-même. Nous, cependant, nous avons continué à lire et nous avons demandé au gardien de la loi nouvelle de nous introduire aussi dans le sanctuaire de la musique. Le magister ouvre, nous accompagne, nous donne des explications, cite des noms... Enfin nous nous arrêtons avec méfiance et nous le regardons : ne nous serait-il pas arrivé la même aventure que celle dont notre ami fut victime en rêve? Les musiciens dont parle Strauss, tant qu'il nous en parle, nous paraissent inexactement dénommés, et nous pensons qu'il est question d'autres personnes, si ce n'est de fantômes moqueurs. Lorsqu'il prend par exemple à la bouche le nom de Haydn, avec cette chaleur qui nous parut si suspecte lorsqu'il louangea Lessing, et qu'il essaie de se faire passer pour épopte et prêtre d'un culte des mystères haydniens, mais qu'il compare Haydn à un « honnête pot-au-feu » et Beethoven à de la « confiture » (en parlant des quatuors! — p. 362), une seule chose demeure certaine pour nous, c'est que son Beethoven à la confiture n'est pas *notre* Beethoven, et que son Haydn à la soupe n'est pas *notre* Haydn. D'ailleurs, le magister trouve que notre orchestre est trop bon pour l'exécution de son Haydn et il prétend que seulement les plus humbles dilettantes peuvent rendre justice à cette musique. Encore une preuve que c'est d'un autre artiste et d'une autre œuvre d'art qu'il veut parler. Il s'agit peut-être de la musique domestique de Riehl.

Mais qui peut bien être ce Beethoven à la confiture dont parle Strauss? Il aurait fait neuf symphonies dont la *Pastorale* est « la moins spirituelle ». Nous apprenons que, chaque fois qu'il entend la troisième, il est tenté « de prendre le mors aux dents et de chercher aventure », d'où nous pourrions presque inférer qu'il s'agit d'un être double, mi-cheval, mi-chevalier. Au sujet d'une certaine *Eroica*, ce centaure est vivement pris à partie parce qu'il n'aurait pas réussi à exprimer « s'il s'agit de combats en plein champ, ou de combats dans les profondeurs de l'âme humaine ». Dans la *Pastorale*, il y aurait, paraît-il, « une tempête parfaitement déchaînée » pour laquelle ce serait « vraiment trop insignifiant » d'interrompre une danse champêtre; c'est pourquoi, « par son lien arbitraire à une cause triviale sous-entendue » — c'est le tour de phrase aussi élégant que correct dont se sert Strauss —

cette symphonie devient « la moins spirituelle ». Le magister classique semble même avoir eu présent à l'esprit un terme plus brutal, mais il a préféré s'exprimer, comme il dit, « avec la modestie qui convient ». Mais il a bien tort, notre magister, croyons-nous; il est cette fois-ci vraiment trop modeste. Qui donc nous instruira encore sur le Beethoven à la confiture, si ce n'est Strauss lui-même, le seul homme qui semble véritablement le connaître? Du reste, immédiatement après, nous trouvons un jugement vigoureux, prononcé avec l'*immodestie* qui convient, et c'est précisément de la neuvième symphonie qu'il s'agit. Celle-ci ne serait aimée que de ceux qui « prennent le baroque pour le génial, l'informe pour le sublime » (p. 359). Il est vrai qu'un critique aussi sévère que Gervinus lui a souhaité la bienvenue, la considérant comme une confirmation d'une doctrine de Gervinus, mais lui, Strauss, insinue qu'il serait très éloigné de trouver du mérite à « un produit aussi problématique » de *son* Beethoven. « C'est une misère, s'écrie notre magister avec un tendre soupir, c'est une misère que chez Beethoven la jouissance et l'admiration volontiers prodiguée doivent s'amoindrir par de pareilles restrictions ». Il ne faut pas oublier que notre magister est un favori des Grâces; et celles-ci lui ont raconté qu'elles ont accompagné Beethoven seulement un bout de chemin, et qu'ensuite il les a de nouveau perdues de vue. « C'est là un défaut, s'écrie-t-il, mais croirait-on que cela puisse apparaître aussi comme une qualité? » — « Celui qui roule l'idée musicale péniblement et jusqu'à en perdre haleine aura l'air de manier ce qu'il y a de plus difficile et d'être le plus fort » (pp. 355, 356). Voilà un aveu, et non point de Beethoven, mais un aveu du « prosateur » classique au sujet de lui-même. Lui, le célèbre auteur, les Grâces ne le laissent point en route. Depuis le jeu des plaisanteries légères — les plaisanteries de Strauss, — jusqu'aux hauteurs du plus grand sérieux — le sérieux de Strauss — elles demeurent à ses côtés sans se laisser troubler par rien. Lui, l'artiste classique de la prose, porte facilement sa charge, et comme en se jouant, tandis que Beethoven, hors d'haleine, la roule péniblement. Il semble folâtrer avec son poids. C'est là un avantage. Mais croirait-on que cela peut également être une lacune? — Tout au plus chez ceux-là qui font passer le baroque pour quelque chose de génial, l'informe pour le sublime — n'est-ce pas, Monsieur le favori folâtre des Grâces?

Nous n'envions à personne les satisfactions qu'il se procure dans le silence de sa chambrette, ou dans un nouveau ciel spécialement apprêté pour lui. Mais de toutes les satisfactions possibles, celle de Strauss est pourtant une des plus singulières. Car pour s'édifier, un petit holocauste lui suffit. Il jette doucement dans le feu les œuvres les plus sublimes de la nation allemande, pour enfumer ses idoles de leur vapeur. Imaginons un instant, que, par un hasard quelconque, l'*Eroica*, la *Pastorale* et la *Neuvième* fussent tombées en possession de notre prêtre des Grâces, et qu'il n'eût dépendu que de lui de purifier l'image du maître en supprimant les produits douteux — qui donc oserait affirmer qu'il ne les eût point brûlés? Et c'est ainsi que procèdent effectivement les Strauss de nos jours. Ils ne veulent entendre parler d'un artiste qu'en tant qu'il se prête à leurs services de chambre, et ils ne connaissent que les extrêmes : encenser ou brûler. Qu'ils en prennent à leur aise. Ce qu'il y a de singulier, c'est que l'opinion publique en matière d'art est faible, incertaine et versatile, au point qu'elle permet, sans faire d'objections, cet étalage du plus indigent esprit philistin; c'est qu'elle ne sent même pas ce que cette scène a de comique quand un petit magister antiesthétique s'érige en juge d'un Beethoven. Et, pour ce qui en est de Mozart, on devrait vraiment lui appliquer ce qu'Aristote disait de Platon : « Le louer même, n'est pas permis aux médiocres. » Mais ici toute pudeur a disparu, dans le public tout aussi bien que chez le magister. On lui permet, au magister, non seulement de faire publiquement le signe de la croix devant les œuvres les plus hautes et les plus pures du génie germanique, comme s'il se trouvait en face de quelque chose d'immoral et d'impie, on se réjouit encore de ses aveux sans fard et de la confession de ses fautes, d'autant plus que ce ne sont pas, à vrai dire ses propres fautes qu'il confesse, mais celles qu'il prétend reprocher aux grands esprits. Ponrvu que notre magister soit toujours dans le vrai! se disent parfois ses lecteurs admiratifs pris par des velléités de doute. Mais, il est là, lui-même, souriant et convaincu, il pérore, condamne et bénit, il se découvre devant lui-même et serait à chaque moment capable de dire ce que la duchesse Delaforte disait à Mme de Staël : « Il faut que je l'avoue, ma chère amie, je ne trouve que moi-même qui ai perpétuellement raison. »

6.

Le cadavre est, pour le ver, une belle pensée, et le ver est une vilaine pensée pour ce qui est vivant. Les vers rêvent d'un ciel dans un corps gras, les professeurs de philosophie cherchent le leur en remuant les intestins de Schopenhauer, et, tant qu'il y aura des rongeurs, il y aura aussi un ciel pour les rongeurs. Nous avons ainsi répondu à notre première question : Comment le nouveau croyant s'imagine-t-il son ciel? Le philistin à la façon de Strauss fait ménage dans les œuvres de nos grands poètes et de nos grands musiciens, comme une vermine qui vit en détruisant, admire en dévorant, adore en digérant.

Mais nous nous étions posé une seconde question : Jusqu'où va le courage que la nouvelle religion donne à ses croyants? Celle-là aussi aurait déjà reçu une réponse si le courage et l'impertinence étaient une seule et même chose. Alors Strauss ne manquerait pas d'un véritable et juste courage de mamelouk, car la modestie qui conviendrait, cette modestie dont parle Strauss à propos de Beethoven dans un passage précité, n'est qu'une tournure de style et nullement une tournure morale. Strauss participe abondamment de l'audace dont tout héros victorieux croit avoir le droit. Toutes les fleurs n'ont poussé que pour lui, le vainqueur, et il loue le soleil d'être venu à temps pour éclairer *sa* fenêtre. Il n'épargne même pas au vieil et vénérable univers, sa propre louange comme s'il avait fallu cette louange pour sanctifier l'univers qui, dès lors, aurait le droit de tourner autour de la monade centrale David Strauss. Il se plaît à nous enseigner que l'univers, bien qu'il soit une machine avec des rouages et des dents, avec de pesants maillets et de lourds pilons, « possède non seulement des rouages impitoyables, mais reçoit aussi le flot d'une huile lénitive » (p. 365). L'univers ne sera pas précisément animé de reconnaissance à l'égard de ce magister aux folles métaphores qui, lorsqu'il voulut condescendre à en faire l'éloge, n'a pas su trouver de meilleur symbole. Comment donc appelle-t-on l'huile qui s'égoutte sur les maillets et les pilons d'une machine? Et combien l'ouvrier serait consolé, s'il savait que cette huile coule sur lui tandis que la machine saisit ses membres? Admettons simplement que l'image soit malheureuse, et fixons notre attention sur un autre procédé par lequel Strauss cherche à établir quel est en somme son état d'esprit en face de l'Univers. La question de Marguerite erre sur ses lèvres : « Il m'aime — il ne m'aime pas — m'aime-t-il? » Et si Strauss n'effeuille pas de pétales de fleurs ou ne s'amuse pas à compter les boutons de son habit, ce qu'il fait, bien qu'il y faille peut-être un peu plus de courage, n'en est pas moins innocent. Strauss veut savoir exactement si oui ou non son sentiment à l'égard du « tout » est paralysé et atrophié, et, à cette fin, il se fait une piqûre. Car il sait que l'on peut, sans douleur, piquer un membre d'un coup d'aiguille, quand ce membre est paralysé ou atrophié. A vrai dire, il ne se pique pas véritablement, mais il se sert d'un moyen plus violent encore qu'il décrit ainsi : « Nous ouvrons Schopenhauer qui frappe notre idée au visage à chaque occasion » (p. 143). Or, une idée n'ayant pas de visage — fût-elle même l'idée de Strauss par rapport à l'univers — mais le visage pouvant tout au plus appartenir à celui qui a l'idée, le procédé se décompose en plusieurs actions. Strauss ouvre Schopenhauer lequel le frappe... au visage. Alors Strauss « réagit » dans un sens « religieux », c'est-à-dire qu'il se met à frapper à son tour sur Schopenhauer, il se répand en injures, parle d'absurdités, de blasphèmes, de scélératesses, déclare même que Schopenhauer n'avait pas toute sa raison. Résultat de la bataille: « Nous exigeons pour notre univers la même piété que celle que l'homme pieux d'autrefois exigeait à l'égard de son Dieu ». — Disons la chose plus brièvement : « il m'aime ! » Il se rend la vie dure, notre favori des Grâces, mais il est courageux comme un mamelouk et il ne craint ni le diable ni Schopenhauer. Combien d'« huile lénitive » il userait si de pareilles façons de procéder devaient être fréquentes !

D'autre part, nous comprenons très bien quelle reconnaissance Strauss doit avoir à l'égard de ce Schopenhauer qui chatouille, pique et frappe. C'est pourquoi les marques de faveur qu'il lui prodigue dans la suite ne nous surprennent pas outre mesure. « Il suffit de feuilleter les écrits de Schopenhauer, quoique l'on fasse bien de ne pas se contenter de les feuilleter et que l'on devrait les étudier aussi », etc. (p. 141). A qui le chef des philistins s'adresse-t-il là ? Lui, dont on peut démontrer qu'il n'a jamais étudié Schopenhauer, lui dont Schopenhauer serait forcé de dire tout au contraire : « Voilà un auteur qui ne mérite pas d'être feuilleté et, encore moins d'être lu. » Visiblement, en ouvrant Schopenhauer, il l'a avalé de travers et, en toussant légèrement, il cherche à s'en débarrasser. Mais pour remplir la mesure des éloges naïfs, Strauss se permet encore de recommander le vieux Kant. Il parle de son *Histoire et théorie générales du ciel*, de l'année 1755, et dit : « C'est une œuvre qui m'a toujours semblé avoir une importance égale à la *Critique de la raison*, publiée plus tard. S'il faut admirer ici la profondeur des aperçus, on admirera là la largeur et l'étendue du coup d'œil ; ici c'est le vieillard qui tient avant tout à une connaissance certaine bien que limitée : là nous reconnaissons l'homme avec tout le courage de sa découverte et de sa conquête intellectuelles. » Ce jugement de Strauss sur Kant ne m'a pas paru plus modeste que celui qu'il porta sur Schopenhauer. Si nous avons ici le chef à qui il importe, avant tout, d'exprimer avec sûreté un jugement, si médiocre fût-il, là le célèbre prosateur se présente à nous et verse, avec le courage de l'ignorance, même sur Kant, l'extrait de ses louanges. Le fait véritablement incompréhensible que Strauss ne trouva dans la Critique de la raison de Kant rien qui pût servir à son testament des idées modernes et qu'il ne sut parler qu'au gré du plus grossier réalisme doit être compté précisément parmi les traits les plus caractéristiques, et les plus frappants de ce nouvel évangile, lequel se désigne d'ailleurs lui-même simplement comme le résultat, péniblement acquis, de longues études sur le domaine de l'histoire et de la science et qui, par conséquent, va jusqu'à renier l'élément philosophique. Pour le chef des philistins et ceux qu'il appelle « nous » il n'y a pas de philosophie kantienne. Il ne soupçonne rien de l'antinomie fondamentale de l'idéalisme et du sens très relatif de toute science et de toute raison. Ou plutôt, c'est précisément la raison qui devrait lui montrer combien peu on peut déduire de la raison à l' « en soi » des choses. Il est pourtant vrai que, pour les gens d'un certain âge, il est impossible de comprendre Kant, surtout lorsque, comme Strauss, dans sa jeunesse, on a compris ou cru comprendre Hegel, « l'esprit gigantesque », et qu'à côté de cela on a même dû s'occuper de Schleiermacher, « lequel possédait presque trop de sagacité », comme dit Strauss. Strauss jugera singulier que je lui dise qu'il se trouve encore, vis-à-vis de Hegel et de Schleiermacher, dans une « dépendance absolue » et que l'on peut expliquer sa doctrine de l'univers, sa façon de comprendre les choses *sub specie biennii*, sa servilité devant les conditions de l'Allemagne et avant tout son optimisme éhonté de philistin, par certaines impressions de jeunesse, par des habitudes précoces et des phénomènes maladifs. Quand il arrive à quelqu'un d'être malade de la maladie hégélienne ou schleiermacherienne, il ne pourra jamais guérir complètement.

Il y a un passage dans le livre des confessions où cet optimisme incurable s'étale avec une béatitude qui vous a véritablement des airs de fête (pp.

142, 143). « Si le monde est une chose, dit Strauss, une chose dont on dit qu'il vaudrait mieux qu'elle ne fût point, et bien alors, l'intellect du philosophe, lequel forme un fragment de ce monde, est un intellect qui ferait mieux de ne pas penser. Le philosophe pessimiste ne s'aperçoit pas qu'il déclare avant tout mauvais son propre intellect, lequel expose que le monde est mauvais; si pourtant un intellect qui déclare que le monde est mauvais est un mauvais intellect, il faut en inférer, au contraire, que le monde est bon. Il se peut que généralement l'optimisme tienne sa tâche pour trop facile; par contre les démonstrations de Schopenhauer sur le rôle formidable que jouent la douleur et le mal dans le monde sont tout à fait à leur place. Mais toute philosophie véritable est nécessairement optimiset ,parce que, dans le cas contraire, elle nierait son droit à l'existence. » Si cette réfutation de Schopenhauer n'est pas ce que Strauss a appelé en un autre endroit une « réfutation accompagnée des bruyantes jubilations des sphères supérieures », je ne comprends pas cette tournure de phrase théâtrale dont il se sert une fois pour confondre ses adversaires. L'optimisme s'est rendu là avec intention sa tâche facile. Mais le tour de force consistait précisément à faire croire que ce n'était rien du tout que de réfuter Schopenhauer et de secouer le fardeau en se jouant, afin que les trois grâces prennent sans cesse plaisir au spectacle de cet optimisme folâtre. Il s'agit précisément de démontrer par l'action qu'il est inutile de prendre un pessimiste au sérieux. Les sophismes les plus inconsistants suffisent à démontrer qu'en face d'une philosophie aussi « malsaine et peu profitable » que la philosophie de Schopenhauer il n'est pas permis de gaspiller des preuves, mais tout au plus des phrases et des plaisanteries. En lisant de semblables passages, on comprendra la déclaration solennelle de Schopenhauer qui affirmait que l'optimisme, quand il n'était pas le bavardage irréfléchi de ceux dont le front sans pensées n'abrite que des mots, lui apparaissait non seulement comme une opinion absurde, mais encore comme une opinion véritablement scélérate, comme une amère ironie, en face des souffrances indicibles de l'humanité. Quand le philistin fait de l'optimisme un système comme fait Strauss, il aboutit à une façon de penser véritablement scélérate, c'est-à-dire à une stupide théorie du bien-être pour le « moi » ou le « nous », et il provoque l'indignation.

Qui donc ne serait pas exaspéré en lisant, par exemple, l'explication suivante qui sort visiblement de cette scélérate théorie du bien-être : « Jamais, affirme Beethoven, il n'eût été capable de composer une musique comme celle de *Figaro* ou de *Don Juan*. *La vie ne lui avait pas assez souri pour qu'il puisse la voir avec autant de sérénité, et prendre autant à la légère la faiblesse des hommes* » (p. 360). Pour fixer cependant l'exemple le plus violent de cette scélérate vulgarité de sentiments, il suffit d'indiquer ici que Strauss n'arrive pas à expliquer autrement l'instinct de négation profondément sérieux et le courant de sanctification ascétique des premiers siècles de l'église chrétienne qu'en prétextant une sursaturation de jouissances sexuelles de tous genres, ainsi qu'un dégoût et un malaise qui en ont été le résultat.

Les Perses l'appellent bidamag buden,
Les Allemands disent : mal aux cheveux.

C'est là la propre citation de Strauss et il n'a pas honte. Quant à nous, nous nous détournons un instant pour surmonter notre écœurement.

7.

De fait, notre chef des philistins est brave et même téméraire en paroles, partout où, par sa bravoure, il croit pouvoir divertir ses nobles compagnons qu'il appelle « nous ». Donc l'ascétisme et l'abnégation des vieux anachorètes et des saints d'autrefois ne seraient qu'une forme du *mal aux cheveux ;* Jésus devrait être présenté comme un exalté qui, de nos jours, échapperait difficilement au cabanon, et l'anecdote de la résurrection du Christ mériterait d'être qualifié de « charlatanisme historique ». — Laissons passer, pour une fois, tout cela pour y étudier la façon particulière de courage dont Strauss, notre « philistin classique », est capable.

Ecoutons d'abord sa profession de foi : « C'est, à vrai dire, une tâche déplaisante et ingrate de dire au monde ce qu'il aime précisément le moins entendre. Le monde se plaît à dépenser son capital, comme font les grands seigneurs, il reçoit et il dépense tant qu'il a encore quelque chose à dépenser. Mais quand quelqu'un se met à additionner les articles et à présenter la balance il le considère comme un trouble-fête. Et c'est à cela que m'ont poussé de tout temps mon tour d'esprit et ma façon d'être. » Un pareil tour d'esprit et une pareille façon d'être peuvent paraître courageux, il faudrait cependant savoir si ce courage est naturel et primesautier ou s'il n'est pas emprunté et artificiel. Peut-être que Strauss s'est seulement accoutumé au moment voulu à être le trouble-fête de profession et qu'après coup il s'est donné, peu à peu, le courage de cette profession. La lâcheté naturelle, qui est le propre du philistin, s'accorde très bien avec tout cela. On s'en aperçoit tout particulièrement au manque de logique de ces phrases qu'il faut du courage pour prononcer. Cela fait un bruit de tonnerre et l'atmosphère n'en est pas purifiée. Strauss n'aboutit pas à une action agressive, mais seulement à des paroles aggressives. Il choisit ses paroles aussi offuscantes que possible, et use en des

5

expressions rudes et tapageuses tout ce qui s'est accumulé en lui de force et d'énergie. Après avoir prononcé la parole, il est plus lâche que le serait celui qui n'aurait jamais parlé. Sa morale qui reflète l'action montre encore qu'il n'est qu'un héros du verbe, et qu'il évite toutes les occasions où il serait nécessaire de passer des mots aux choses profondément sérieuses. Il proclame, avec une franchise digne d'admiration, qu'il n'est plus chrétien, mais il ne veut troubler aucune satisfaction de quelque espèce qu'elle soit ; il trouve contradictoire de fonder une société pour renverser une autre société — ce qui est discutable. Avec un sentiment de bien-être un peu rude, il s'enveloppe dans le vêtement velu de nos généalogistes du singe et loue Darwin comme un des plus grands bienfaiteurs de l'humanité. Mais notre confusion est grande de voir que son éthique s'édifie indépendamment de la question : « Comment comprenons-nous le monde ? » C'était l'occasion de montrer un courage naturel, car Strauss aurait dû tourner le dos à ceux qu'il appelle « nous » et conclure du *bellum omnium contra omnes* et du privilège des plus forts à des privilèges moraux pour la vie, lesquels ne pourraient naître que dans un esprit intrépide, comme fut celui d'Hobbes, et dans un amour de la vérité bien autrement grandiose que celui qui ne se manifeste jamais que par de vigoureuses invectives contre les curés, le miracle et le « charlatanisme historique » de la résurrection. Car, avec une éthique darwinienne véritable et sérieusement soutenue jusqu'au bout, on aurait contre soi le philistin que l'on a pour soi, lorsque l'on a recours à de pareilles invectives.

« Toute action morale, dit Strauss, est une détermination de l'individu conforme aux idées de l'espèce » (p. 236). Traduit d'une façon plus concrète, cela veut dire simplement : vis comme un homme et non comme un singe ou un phoque. Cet impératif est malheureusement tout à fait inapplicable et sans force, parce que, sous le concept « homme », on attelle à la même charrue les êtres les plus dissemblables, par exemple un Patagon et le magister Strauss, et parce que personne n'aura le courage de dire — et ce serait encore à bon droit — vis en Patagon! ou : vis en magister Strauss! Si pourtant quelqu'un allait jusqu'à exiger de lui-même : vis en génie! c'est-à-dire en expression idéale de l'espèce *homme*, alors qu'en réalité le hasard l'a fait naître soit Patagon, soit magister Strauss, combien nous souffririons alors de l'importunité de ces maniaques, ivres de génie et d'originalité, dont Lichtenberg stigmatisait déjà la pullulation champignonesque en Allemagne, de ces maniaques qui, avec des cris sauvages, émettent la prétention de nous faire écouter la profession de foi de leur croyance la plus récente. Strauss ne sait pas encore que jamais une « idée » ne peut rendre les hommes plus moraux et meilleurs et qu'il est tout aussi facile de prêcher la morale qu'il est difficile d'en fonder une. Sa tâche eût été, au contraire, d'expliquer et d'analyser sérieusement, en partant des principes darwiniens, les phénomènes de la bonté humaine, de la compassion, de l'amour et de l'abnégation. Mais il a préféré fuir la tâche de l'*explication* en faisant un saut dans l'impératif. Ce faisant, il lui arrive même de passer outre, d'un cœur léger, aux théories fondamentales de Darwin. « N'oublie, en aucun instant, dit Strauss, que tu es un être humain et non pas seulement un organisme de la nature, que tous les autres sont également des hommes, c'est-à-dire, malgré leur diversité intellectuelle, quelque chose de semblable à toi, avec les mêmes besoins et les mêmes exigences — et c'est là la somme de toute morale » (p. 238). Mais d'où vient cet impératif? Comment l'homme peut-il le renfermer au fond de lui-même, alors que, selon Darwin, l'homme est simplement un être de la nature et qu'il s'est développé, selon des lois différentes de cet impératif, jusqu'à la hauteur de l'homme? En oubliant à tout instant que les autres êtres de la même espèce possèdent les mêmes droits, en se considérant comme le plus fort et en amenant, peu à peu, la disparition des autres exemplaires d'un naturel plus faible. Tandis que Strauss est forcé d'admettre qu'il n'y eut jamais deux êtres exactement pareils et que toute l'évolution de l'homme, depuis le degré animal jusqu'au sommet du philistin cultivé, est lié à la loi de la diversité individuelle, il ne lui coûte rien néanmoins de proclamer aussi le contraire : « Agis comme s'il n'existait pas de diversités individuelles ! » Où faut-il chercher là la doctrine morale Strauss-Darwin? Où donc est resté le courage?

Nous pouvons alors constater, avec une nouvelle preuve à l'appui, à quel point s'arrête le courage pour se transformer aussitôt en son contraire. Car Strauss continue : « N'oublie à aucun moment que toi et tout ce que tu perçois en toi et autour de toi n'est pas un fragment sans connexion, un chaos sauvage d'atomes et de hasards, mais que, conformément à des lois éternelles, tout est sorti d'une seule source originelle de toute vie, de toute raison et de toute bonté — et que c'est là la substance de toute religion » (p. 239). Mais de cette source originelle découle, en même temps, tout déclin, toute déraison et tout mal, et, chez Strauss, le nom de tout cela est « univers ».

Comment cet univers avec les traits contradictoires et s'annulant les uns les autres que lui prête Strauss, serait-il digne d'une adoration religieuse et comment saurait-on s'adresser à lui en lui prêtant le nom de Dieu comme il le fait (p. 365)? « Notre Dieu ne nous prend pas dans nos bras du dehors (on s'attend ici, par antithèse, à une façon assez singulière de prendre dans ses bras *du dedans*), mais il ouvre dans notre for intérieur des sources de consolation. Il nous montre que le hasard serait un maître déraisonnable, mais que la nécessité, c'est-à-dire l'enchaînement des causes dans le monde, est la raison même. (Un phénomène que ceux que Strauss appelle « nous » ne remarquent pas, parce qu'ils ont été élevés dans l'adoration hégélienne de la réalité, c'est-à-dire dans l'*adulation du succès*). « Il nous apprend à reconnaître que ce serait vouloir la destruction de l'univers si l'on exigeait qu'une exception fût faite à l'accomplissement d'une seule loi de la nature. » Au contraire, monsieur le magister, un naturaliste honnête croit à la conformité absolue aux lois de la nature, mais sans se prononcer, en aucune façon, sur la valeur morale ou intellectuelle de ces lois. Dans de semblables affirmations, ce savant reconnaîtrait l'attitude très anthropomorphique d'un esprit qui ne sait pas se tenir dans les limites de ce qui est permis. Mais c'est justement au point où un honnête naturaliste se résigne que Strauss « réagit dans un sens religieux », pour nous servir de son expression, et il procède alors en savant déloyal et anti-scientifique. Il admet, sans plus, que tout ce qui arrive possède *la plus haute* valeur intellectuelle, que tout est donc absolument raisonnable, ordonné en vue des causes finales et qu'une révélation de la bonté éternelle y est incluse. Il a donc besoin de faire appel à une complète cosmodicée et se trouve en désavantage à l'égard de celui qui se contente d'une théodicée et qui peut, par exemple, considérer toute l'existence de l'homme comme la punition d'une faute ou comme un état d'épuration. En cet endroit et en face de cette difficulté, Strauss hasarde même une fois une hypothèse métaphysique, la plus sèche et la plus boiteuse qu'il soit, simple parodie involontaire d'une parole de Lessing. « Lessing, est-il écrit p. 219, Lessing disait que, si Dieu tenait dans sa main droite toute la vérité, et dans sa main gauche le seul désir toujours vivace d'atteindre la vérité, bien que l'erreur perpétuelle en fût la condition, si Dieu lui laissait le choix entre les deux alternatives, il le prierait humblement de lui accorder le contenu de la main gauche. — Cette parole de Lessing a, de tous temps, été considérée comme une des plus belles qu'il nous ait laissées. On y a trouvé l'expression géniale de son infatigable joie de chercheur, de son besoin d'activité perpétuelle. Elle a toujours fait sur moi une impression toute particulière, parce que, derrière sa signification subjective, je devinais une signification objective d'une portée infinie. Car ne contient-elle pas la meilleure réponse au grossier langage de Schopenhauer qui parle du Dieu mal conseillé qui ne sut rien faire de mieux que de descendre sur cette terre misérable? Que serait-ce, si le créateur lui-même avait été de l'avis de Lessing, s'il avait préféré la lutte à la tranquille possession? » Vraiment! un Dieu qui choisirait l'*erreur perpétuelle*, accompagnée du désir de la vérité, un Dieu qui se jetterait peut-être même humblement aux pieds de Strauss et lui dirait : Toute la vérité est pour toi!... Si jamais un Dieu et un homme ont été mal conseillés, ce fut ce Dieu de Strauss, amateur d'erreurs et de fautes, et cet homme de Strauss qui pâtit des erreurs et des fautes de l'amateur. Certes, voilà qui aurait « une signification d'une portée infinie » ! L'huile universelle et lénitive de Strauss se met à couler! On pressent alors la sagesse de tout devenir et de toutes les lois de la nature! Vraiment? Notre univers ne serait-il pas, bien au contraire, comme Lichtenberg s'est une fois exprimé, l'œuvre d'un être subalterne, qui ne s'entendait pas encore très bien à son affaire, par conséquent une tentative, un coup d'essai, une œuvre sur laquelle on continue à travailler? Strauss lui-même serait donc contraint de s'avouer que notre univers n'est pas le théâtre de la raison, mais de l'erreur, et que la conformité aux lois ne contient rien de consolant, parce que toutes les lois ont été promulguées par un Dieu qui se trompe à plaisir.

C'est véritablement un spectacle divertissant de voir Strauss, en architecte métaphysicien, en train de construire dans les nuages. Mais pour qui ce spectacle est-il mis en scène? Pour ces braves pataudes que Strauss appelle « nous », afin que leur bonne humeur ne soit pas troublée. Peut-être leur est-il arrivé d'avoir été saisis de peur au milieu des rouages impitoyables et rigides de la machine universelle et implorent-ils en tremblant le secours de leur chef. C'est pourquoi Strauss laisse couler son « huile lénitive », c'est pourquoi il amène au bout d'une corde un Dieu égaré par la passion, c'est pourquoi il se met à jouer une fois le rôle tout à fait étrange d'un architecte métaphysicien. Il fait tout cela parce que ces braves gens ont peur et qu'il a peur lui-même, — et c'est alors que nous apercevons les limites de son courage, même vis-à-vis de ceux qu'il appelle « nous ». Car il n'ose pas leur dire loyalement : Je vous ai délivrés d'un Dieu qui aide et qui a pitié, l' « univers » n'est qu'un « mécanisme » implacable, prenez garde à ne pas être écrasés par ses rouages ! Il n'en a pas le courage, il faut donc que la sorcière s'en mêle, je veux dire la métaphysique. Mais le philistin préfère la métaphysique de Strauss à la métaphysique chrétienne et l'idée d'un Dieu qui se trompe lui est plus sympathique que l'idée d'un Dieu qui fait des miracles. Car lui, le philistin, peut se tromper, mais il n'a jamais fait un miracle.

Pour la même raison, le philistin déteste le génie, car le génie possède, à juste titre, la réputation de faire des miracles. Et c'est pourquoi l'on trouvera très instructive la lecture d'un passage de notre auteur, le seul où il s'élève en défenseur audacieux du génie et, en général, de toutes les natures d'esprit aristocratique. Pourquoi donc cette attitude? Par crainte... par crainte des démocrates socialistes. Il renvoie à Bismarck, à Moltke, « dont la grandeur peut d'autant moins être niée qu'elle se fait valoir sur le domaine des faits extérieurs. Leur spectacle force les plus entêtés et les plus rébarbatifs parmi ces gaillards à regarder un peu au-dessus d'eux, pour apercevoir ces êtres sublimes, au moins jusqu'aux genoux » (p. 280). Voulez-vous peut-être, monsieur le magister, initier les démocrates socialistes dans l'art de recevoir des coups de botte? La bonne volonté d'en distribuer se rencontre partout, et vous pouvez, en effet, fort bien garantir que ceux qui recevront les coups de pieds verront les « êtres sublimes » jusqu'à la hauteur des genoux. « Dans le domaine de l'art et de la science, continue Strauss, les rois qui construisent et qui procurent du travail à une foule de charretiers ne manqueront jamais. » Je veux bien... mais si d'aventure les charretiers se mettent à construire? Cela peut arriver, monsieur le magister, vous le savez fort bien... et c'est alors que les rois ont de quoi rire.

Cet assemblage d'effronterie et de faiblesse, de paroles audacieuses et de lâche accommodement ; ces subtiles considérations, pour savoir comment et au moyen de quelles phrases on réussit à en imposer au philistin, ou à le combler de flatteries ; ce manque de caractère et de force avec l'apparence de la force et du caractère; ce défaut de sagesse, avec l'affectation de supériorité et de maturité dans l'expérience — c'est tout cela que je déteste dans ce livre. Si je pouvais imaginer qu'il existe des jeunes gens qui supportent la lecture d'un pareil livre, des jeunes gens capables de l'apprécier, je serais forcé de renoncer avec tristesse, à tout espoir en leur avenir. Cette profession de foi d'un pauvre esprit philistin désespéré et véritablement méprisable serait-elle vraiment l'expression du sentiment de plusieurs milliers d'individus, de ces individus que Strauss appelle « nous » et qui seraient les pères des générations futures? Ce sont là des perspectives épouvantables pour celui qui aimerait encourager les races à venir à réaliser ce que le présent ne possède pas... je veux dire une culture véritablement allemande. Pour celui-là le sol semble couvert de cendre, toutes les étoiles paraissent obscurcies; chaque arbre qui a péri, chaque champ dévasté semble lui crier : tout cela est stérile et perdu! Ici il n'y a plus de printemps! Il sera pris d'un sentiment analogue à celui qui s'empara du jeune Gœthe lorsqu'il jeta un coup d'œil dans le triste crépuscule athée du *Système de la nature*. Ce livre lui parut si gris, si cimmérien, si sépulcral qu'il eut de la peine à supporter sa présence, qu'il s'effraya devant lui comme devant un fantôme.

8.

Nous voici suffisamment instruits au sujet du ciel et du courage de notre nouveau croyant, pour pouvoir aussi nous poser la dernière question : comment écrit-il ses livres ? et de quel ordre sont ses sources religieuses ?

Celui qui saura répondre à cette question, sévèrement et sans préjugés, apercevra un autre problème qui prête à réfléchir plus que tout autre, dans le fait que l'oracle manuel du philistin allemand a été demandé en six éditions successives, surtout s'il apprend encore qu'on a fait à cet oracle le plus brillant accueil dans le monde savant et même dans les universités allemandes. On prétend que certains étudiants l'ont salué comme une sorte de canon pour les esprits forts, et les professeurs de ne point contredire à cette opinion. Çà et là on a même voulu le considérer comme un *livre de religion pour le savant.* Il est vrai que Strauss lui-même donne à entendre que sa profession de foi peut fort bien être plus qu'un livre d'information à l'usage des savants et des hommes cultivés. Mais tenons-nous-en provisoirement au fait qu'il s'adresse de préférence aux savants, pour leur présenter l'image de la vie telle qu'ils la vivent eux-mêmes. Car c'est là précisément le tour de force du magister de se donner l'air de présenter l'idéal d'une nouvelle conception de l'univers, pour entendre chanter ses louanges de toutes les bouches, chacun pouvant croire que c'est lui qui considère ainsi le monde et la vie, en sorte que Strauss verrait réaliser en sa personne ce qu'il demande seulement à l'avenir.

Par là s'explique aussi, en partie, le succès extraordinaire de cet ouvrage. « Nous vivons ainsi qu'il est ici décrit, c'est l'image de notre existence de bonheur! » s'écrie le savant, et il se réjouit de voir que d'autres s'en réjouissent. S'il pense autrement au sujet de Darwin, par exemple, ou de la peine de mort, cet écart lui paraît sans importance parce que, dans l'ensemble, il a l'impression de respirer sa propre atmosphère et d'entendre l'écho de *sa* voix et de *ses* besoins. Quel que soit l'effet pénible que puisse faire cette unanimité de sentiment sur tout ami véritable d'une culture allemande, il lui faut chercher, avec une sévérité implacable, à expliquer ce phénomène et ne pas redouter de publier son explication.

Certes, nous connaissons tous la façon particulière à notre époque de cultiver les sciences, nous la connaissons parce qu'elle est notre vie même. Et c'est pourquoi presque personne ne se pose la question de savoir quels pourraient être, pour la « culture », les résultats d'un pareil usage des sciences, en admettant même que l'on trouve partout les meilleures facultés et la volonté la plus loyale d'agir en vue de la civilisation. L'âme même d'un homme scientifique (abstraction faite de son état actuel) renferme un véritable paradoxe. L'homme scientifique se comporte comme s'il était un des plus fiers désœuvrés du bonheur, comme si l'existence n'était pas une chose funeste et grave, mais un patrimoine garanti, pour une durée éternelle. Il croit pouvoir se permettre d'élucider des problèmes qui, somme toute, ne devraient intéresser quelqu'un que s'il s'était assuré d'avoir l'éternité devant lui. Héritier d'un petit nombre d'heures fugitives, il voit autour de lui les abîmes les plus affreux. Chaque pas en avant devrait lui remettre ces questions en mémoire: D'où venons-nous? Où allons-nous? A quoi bon vivre? Mais son âme s'échauffe à l'idée de sa tâche, que ce soit de compter les étamines d'une fleur, ou de casser les roches au bord du chemin. Et il se plonge dans ce travail, entraîné par tout le poids de son intérêt, de son plaisir, de sa force et de ses aspirations. Ce paradoxe qu'est l'homme scientifique s'est mis récemment, en Allemagne, à une allure si pressée que l'on pourrait prendre la science pour une fabrique et croire que chaque minute de temps perdu ferait encourir une punition. Le voici qui travaille comme s'il appartenait au quatrième état, la caste des esclaves; son étude n'est plus une occupation, mais un cas de nécessité; il ne regarde ni à droite ni à gauche et il se meut au milieu de toutes les affaires et aussi au milieu de toutes les difficultés que la vie porte dans son sein avec cette demi-attention ou cet insupportable besoin de repos qui est propre à l'ouvrier épuisé.

C'est aussi l'attitude qu'il prend vis-à-vis de la culture. Il se comporte comme si, pour lui, la vie n'était qu'*otium*, mais *sine dignitate*. Et, même quand il rêve, il ne jette pas son joug loin de lui. Il est pareil à l'esclave, qui, même quand il est libre, rêve encore de misère, de précipitation et de coups. Nos savants se distinguent fort peu, et en tous les cas point à leur avantage, de l'agriculteur qui veut augmenter son bien héréditaire et qui, du soir au matin, peine à cultiver son champ, à conduire sa charrue et à encourager ses bœufs. Or, Pascal croit que les hommes s'efforcent seulement ainsi à faire leurs affaires et à cultiver leurs sciences pour échapper aux problèmes importants que toute solitude, tous les loisirs véritables leur imposeraient, et il s'agit précisément des problèmes du pourquoi et du comment. Chose singulière, nos savants ne songent même pas à la question la plus proche, celle de savoir à quoi peuvent bien servir leur travail, leur hâte, leurs douloureux transports. Ce n'est pourtant pas à gagner leur pain ou à conquérir des hommes. Certainement non. Et pourtant vous prenez de la peine, à la façon de ceux qui ont faim et vous vous emparez, sans choix, de tous les mets dont la table de la science est chargée, avec une avidité qui pourrait faire croire que vous avez le ventre creux. Mais si, en hommes scientifiques, vous agissez avec la science, comme font les travailleurs avec les tâches que leur imposent les besoins de la vie, que deviendra une culture, condamnée à attendre l'heure de sa naissance et de sa délivrance, en face d'une méthode à un tel point agitée et essoufflée, d'une méthode qui se débat sans suite? Personne n'a de temps de reste pour elle... et à quoi peut donc servir la science si elle n'a pas le temps pour la culture? Répondez-nous, répondez-nous sur ce seul point : d'où vient, où va, à quoi bon toute science, si elle ne doit pas mener à la culture? Mènerait-elle peut-être à la barbarie? Nous serions tenté de le croire, et nous penserions que le monde savant est déjà effroyablement avancé dans cette direction, si nous pouvions imaginer que des livres aussi superficiels que celui de Strauss suffiraient à son actuel degré de culture. Car c'est précisément dans ce livre que nous trouvons ce répugnant besoin de récréation, et cet accommodement provisoire, où l'on n'écoute qu'à moitié, avec la philosophie et la culture et, en général, avec tout le sérieux de la vie. On se souvient de réunions d'hommes appartenant au monde savant, où, quand chacun a parlé de sa spécialité, la conversation ne dénote plus que la fatigue, le besoin de distraction à tout prix, l'éparpillement dans la mémoire et l'incohérence des conceptions. Si nous entendons parler Strauss de toutes les questions vitales, que ce soit le problème du mariage, ou la guerre, ou encore la peine de mort, nous sommes effrayés de son manque d'expériences vraies et de connaissance originale du cœur humain. Tous les jugements sont uniformément livresques, ou même, au fond, simplement journalistiques. Les réminiscences littéraires remplacent les idées véritables et l'entendement pratique des choses; une modération affectée et une phraséologie vieillotte doivent compenser pour nous le manque de sagesse et de maturité dans la pensée. Comme tout cela correspond à l'esprit qui anime les chaires bruyantes de la science allemande dans les grandes villes! Combien un tel esprit doit être sympathique à tel autre esprit! Car c'est précisément en ces lieux que la culture est devenue de plus en plus rare que la formation d'une nouvelle culture a été rendue impossible, tellement les apprêts des sciences qui s'y pratiquent se sont fait bruyants, tellement les branches favorites y sont assaillies comme par des troupeaux au détriment des branches qui seraient pourtant les plus importantes. Quelle lanterne faudrait-il pour trouver des hommes capables de s'abandonner au génie avec le souci intime d'en saisir les profondeurs, et qui posséderaient le courage et la force d'évoquer les démons qui se sont enfuis hors de notre temps! Si l'on n'envisage ces institutions que par le côté extérieur, on y trouve, à vrai dire, toutes les pompes de la culture. Elles ressemblent, avec leurs appareils imposants, aux arsenaux munis de leurs pièces formidables et de leurs instruments de guerre. Nous voyons des préparatifs et une activité dévorante, comme si le ciel devait être pris d'assaut et comme si l'on voulait chercher la vérité au fond du puits le plus profond ; et pourtant, en cas de guerre, ce sont les grosses machines qui servent le moins. Et de même, la culture véritable, dans sa lutte, laisse à l'écart ces institutions, et son meilleur instinct lui fait pressentir que, pour elle, il n'y a là rien à espérer et tout à craindre. Car la seule forme de la culture dont daigne s'occuper l'œil enflammé et le cerveau obtus de cette classe de travailleurs savants, c'est précisément cette *culture des philistins* dont Strauss a prêché l'évangile.

Considérons un instant les principales raisons de cette sympathie qui lie la classe des travailleurs scientifiques à la culture des philistins, nous trouverons alors le chemin qui nous conduit à Strauss l'*écrivain* reconnu classique, et nous arriverons de la sorte à notre dernier thème principal.

Cette culture présente, tout d'abord, l'expression du contentement et elle ne veut rien changer d'essentiel dans l'état actuel de l'éducation allemande. Avant tout elle est convaincue de la puissante originalité de toutes les institutions pédagogiques allemandes, surtout des gymnases et des universités, elle ne cesse pas de recommander aux pays étrangers l'exemple de ces institutions, et ne doute pas un seul instant que, par leur moyen, les Allemands sont devenus le peuple le plus cultivé de la terre et le plus capable de jugements. La culture philistine a foi en elle-même et croit par conséquent aussi aux méthodes et aux moyens qu'elle tient à sa disposition. En second lieu, elle fait des savants les juges suprêmes pour toutes les questions du goût et de la culture et elle se considère elle-même comme le compendium, sans cesse complété, des opinions savantes au sujet de l'art, de la littérature et de la philosophie. Son souci c'est de pousser le savant à manifester ses opinions et de les ingurgiter, par la suite, mêlées, diluées ou systématisées, en guise de cordial, au peuple allemand. Ce qui naît en dehors de ce cercle est écouté avec méfiance et distraction, à moins qu'on ne le néglige complètement, jusqu'à ce qu'une voix finisse par se faire entendre, une voix quelle qu'elle soit, pourvu qu'elle porte la marque de l'espèce savante, et qu'elle sorte des murs de ce temple où réside la traditionnelle infaillibilité du goût. Dès lors l'opinion publique possède une opinion de plus et elle répète d'un écho centuplé le son de la voix qui a parlé. En réalité, l'infaillibilité esthétique qui sort de ces murs, par la voix de ces individus, est très incertaine, si incertaine que l'on peut être persuadé du mauvais goût, du manque d'idées et de la grossièreté esthétique d'un savant, tant qu'il n'aura pas fait preuve du contraire. Et cette preuve ne pourra être faite que par un bien petit nombre. Car, combien y en a-t-il qui, après avoir pris part à la course haletante et acharnée de la science actuelle, parviendront à conserver le regard tranquille et courageux de l'homme civilisé qui lutte (pour peu qu'ils l'aient jamais possédé), ce regard qui condamne cette course, parce qu'elle est un élément barbare? C'est pourquoi ce petit nombre est forcé de vivre dans une contradiction perpétuelle. Que pourraient-ils faire contre la croyance uniforme d'une foule innombrable qui a fait de l'opinion publique sa patronne et qui se soutient mutuellement par cette croyance? Cela ne sert de rien qu'un seul individu se prononce contre Strauss, alors que le nombre s'est déclaré en sa faveur et que les masses conduites par le nombre ont appris six fois de suite à demander le narcotique du magister philistin.

Nous avons admis, sans plus, que la profession de foi exprimée dans le livre de Strauss a triomphé auprès de l'opinion publique, laquelle a souhaité la bienvenue au vainqueur. Mais l'auteur voudrait peut-être nous rendre attentif au fait que les jugements multiples portés sur son livre, dans les journaux, ne revêtent nullement un caractère d'unanimité, et sont loin d'être absolument favorables, de sorte qu'il a été lui-même forcé de faire, dans un post-scriptum, des réserves sur le ton souvent très malveillant et la manière arrogante et hostile de quelques-uns de ces jouteurs de gazettes. Comment, nous dira-t-il, peut-il y avoir une opinion publique au sujet de mon livre, si chaque journaliste possède le droit de me mettre hors la loi et de me déchirer à belles dents ! Cette contradiction apparente est pourtant facile à expliquer, dès que l'on envisage le livre de Strauss sous deux faces différentes, le côté théologique et le côté littéraire. C'est seulement ce dernier côté du livre qui touche la culture allemande. Par sa nuance théologique, s'il se trouve en dehors de cette culture, il soulève l'antipathie des différents partis théologiques, et même, somme toute, de tous les Allemands individuellement, pour autant que chacun de ceux-ci est de nature un sectaire théologien, inventant seulement sa singulière croyance individuelle, pour pouvoir se dire dissident à l'égard de toute autre croyance. Mais écoutez tous ces sectaires théologiques quand il s'agit de parler de l'*écrivain* Strauss. Aussitôt toutes les dissonnances théologiques se taisent, et c'est de la bouche d'une seule communauté que l'on entend dire : mais, malgré tout, il reste un *écrivain classique*. Chacun, fût-il même l'orthodoxe le plus endurci, adresse à l'auteur les éloges les plus pompeux, et il ne manque jamais d'ajouter un mot au sujet de sa dialectique presque lessingienne, vantant la finesse, la beauté et l'exactitude de ses vues. En tant que livre, on pourrait croire que le produit de Strauss correspond véritablement à l'idéal d'un livre. Les adversaires théologiques, bien qu'ils aient fait grand bruit, ne sont, dans ce cas, qu'une infime partie du grand public, et, même vis-à-vis d'eux, Strauss gardera raison, lorsqu'il écrira ceci : « A côté de mes lecteurs qui se chiffrent par milliers, ces quelques douzaines de contempteurs publics ne sont qu'une minorité à peine perceptible, et vous démontrerez difficilement qu'ils sont les fidèles interprètes des premiers. Si, dans un cas comme celui-là, ce sont surtout ceux qui n'étaient pas d'accord avec moi qui ont pris la parole, si mes partisans se sont contentés d'une approbation muette, cela tient à la nature des conditions que nous connaissons tous. » Donc, abstraction faite du dépit que la profession de foi théologique de Strauss a provoqué çà et là, au sujet de l'*écrivain* Strauss, même chez les adversaires les plus fanatiques dont les voix lui paraissent sortir de l'abîme comme des hurlements de bête, il y a unanimité parfaite. Et c'est pourquoi le traitement que Strauss a reçu de la part des stipendiés littéraires du parti théologique ne prouve rien contre notre affirmation que, dans ce livre, la culture des philistins a célébré des triomphes.

Il faut concéder que la moyenne des philistins cultivés possède moins de franchise que David Strauss, ou qu'elle évite du moins la manifestation publique de cette franchise. Mais celle-ci lui paraît d'autant plus édifiante chez un autre. Enfermé chez lui ou parmi ses semblables, le philistin applaudit même bruyamment, bien qu'il ait peut-être soin d'éviter d'avouer par écrit combien toutes les paroles de Strauss sont selon son cœur. Car, nous nous en sommes déjà aperçus, notre philistin cultivé n'est pas exempt d'une certaine lâcheté, même lorsqu'il manifeste ses sympathies les plus vives. Strauss étant d'un degré moins lâche devient, par cela même, un chef, bien que, d'autre part, il y ait certaines limites à son courage personnel. S'il s'avisait de dépasser ces limites, comme le fait par exemple Schopenhauer à presque chacune de ses phrases, il ne marcherait plus à la tête des philistins comme leur chef. Au contraire, on se sauverait devant lui avec autant d'ardeur que l'on met aujourd'hui à lui courir après. Celui qui voudrait considérer cette mesure, qui, si elle n'est sage, paraît du moins habile, et cette médiocrité de courage, comme des vertus aristocratiques, ferait certainement fausse route, car ce courage n'est point une moyenne entre deux défauts, mais une moyenne entre une vertu et un défaut — et *toutes* les qualités du philistin sont précisément renfermées dans cette moyenne entre la vertu et le défaut.

9.

« Mais, malgré tout, il reste un écrivain classique ! » Eh bien! nous allons voir.

Il serait peut-être permis maintenant de parler immédiatement de Strauss styliste et artiste du langage, mais examinons d'abord si, comme littérateur, il est capable de construire son édifice et s'il entend véritablement l'architecture d'un livre. Par là nous déterminerons s'il est un auteur probe, réfléchi et sagace. Et si nous étions forcés de répondre « non », il lui resterait toujours, comme dernier refuge de sa gloire, le recours d'être un « prosateur classique ». Il est vrai que cette dernière faculté, sans la première, ne suffirait pas à l'élever au rang des écrivains classiques. Tout au plus serait-il un improvisateur classique ou un virtuose du style qui montrerait cependant, pour ce qui en est de la composition proprement dite, de la charpente de l'œuvre, malgré toute l'habileté dans l'expression, la main lourde et l'œil trouble du bousilleur. Nous nous demandons donc si Strauss possède la puissance artistique de présenter un ensemble, *totum ponere*.

Généralement on s'aperçoit déjà après la première ébauche littéraire, si l'auteur a embrassé l'ensemble de sa tâche et s'il a trouvé l'allure générale conforme à son sujet et la mesure véritable. Quand cette tâche importante est résolue, quand l'édifice lui-même est dressé avec des proportions heureuses, il reste encore bien des choses à faire. Combien de petits défauts doivent être redressés, combien de lacunes demandent à être remplies. Çà et là il a fallu se contenter d'abord d'une cloison ou d'un plancher provisoires, partout il reste de la poussière et des décombres, et partout où l'on porte les regards on trouve les traces de l'effort et du travail. La maison, dans son ensemble, est encore lugubre et inhabitable. Tous les murs sont nus et le vent souffle par les fenêtres ouvertes. Mais il nous est provisoirement indifférent de savoir si Strauss a fini par accomplir ce travail indispensable, long et pénible, car il faut nous demander avant tout si l'édifice lui-même a été construit dans son ensemble selon de bonnes proportions. On sait que le contraire de ce procédé c'est de composer un livre de morceaux disparates comme les savants ont coutume de faire. Ils croient que le sujet qu'ils traitent suffit à unir ces morceaux et ils confondent cette similitude avec le lien logique et artistique. Certes, le rapport des quatre questions principales qui servent de titre aux parties du livre de Strauss n'a rien de logique. « Sommes-nous encore des chrétiens? — Possédons-nous encore une religion? — Comment comprenons-nous le monde? — Comment ordonnons-nous notre vie? » Le lien logique fait défaut parce que la troisième question n'a rien à voir avec la seconde, la quatrième rien avec la troisième, et parce que les trois dernières n'ont rien à voir avec la première. Le naturaliste, par exemple, lorsqu'il soulève la troisième question, témoigne précisément de son pur sens de la vérité en passant silencieusement à côté de la seconde; et Strauss lui-même semble comprendre que les thèmes de la quatrième partie : le mariage, la république, la peine de mort, ne seraient qu'embrouillés et obscurcis par l'introduction des théories darwiniennes empruntées à la troisième partie, et, de fait, Strauss semble l'avoir compris, car il n'en tient plus compte. Mais la question : sommes-nous encore chrétiens? fait tort à l'indépendance des recherches philosophiques et donne à celles-ci je ne sais trop quelle teinte désagréable de théologie. De plus, Strauss a tout à fait oublié qu'aujourd'hui encore la plus grande partie de l'humanité est bouddhiste et non pas chrétienne. Comment peut-on, en écrivant « l'ancienne foi », penser sans plus au christianisme! Si d'une part l'on s'aperçoit que Strauss n'a jamais cessé d'être théologien chrétien et que, par conséquent, il n'a jamais appris à devenir philosophe, il surprend également par ceci qu'il ne sait pas distinguer entre la science et la foi, et qu'il nomme, sans cesse, d'une seule haleine, la nouvelle science et ce qu'il appelle sa « nouvelle foi ». Ou bien le mot « nouvelle foi » ne serait-il qu'une accommodation ironique à l'usage? Nous pourrions presque croire qu'il en est ainsi lorsque nous voyons que Strauss remplace, de ci de là, l'une par l'autre, la nouvelle foi et la plus nouvelle science; par exemple à la page 11 où il se demande de quel côté, du côté de l'ancienne foi ou du côté de la nouvelle science, « il y a le plus de ces obscurités et de ces imperfections inévitables dans les choses humaines ». En outre, d'après le schéma de l'introduction, il veut indiquer les preuves sur lesquelles s'appuie la conception moderne du monde; mais toutes ces preuves il les emprunte aux sciences et il se comporte tout à fait comme un savant, et nullement comme un croyant.

Au fond, la nouvelle religion n'est donc pas une nouvelle foi, mais elle se confond avec la nouvelle science, ce qui lui enlève les qualités d'une religion. Si par conséquent Strauss prétend qu'il a quand même de la religion, les raisons s'en trouvent en dehors de la science nouvelle. C'est seulement la plus petite partie de son livre, — quelques rares pages dispersées çà et là — qui concerne ce que Strauss pourrait à bon droit appeler une croyance, c'est-à-dire ce sentiment particulier à l'égard de l'univers pour lequel Strauss réclame une piété semblable à celle que l'homme pieux d'autrefois ressentait à l'égard de son Dieu. Ces pages n'ont rien de scientifique, si du moins elles pouvaient être un peu plus vigoureuses, plus naturelles, plus solides et, en général, plus croyantes! Il est frappant de voir quels procédés artificiels emploie notre auteur pour arriver à la conviction qu'il possède encore une foi et une religion. Il se sert de piqûres et de coups comme nous avons pu voir. Comme la voilà pauvre et faible, cette foi qui résulte d'une stimulation! On grelotte rien qu'à la regarder.

Strauss, après avoir promis, dans le schéma de son introduction, de faire une comparaison entre la nouvelle foi et la foi de l'ancien temps, pour voir si la nouvelle rend à ses croyants les mêmes services que l'ancienne, finit par s'apercevoir lui-même qu'il avait beaucoup trop promis. Car la dernière question, celle qui examine s'il y a service égal, meilleure ou plus mauvaise part, est élucidée finalement d'une façon tout à fait accessoire en quelques pages et avec une hâte craintive (pp. 366 et suivantes). Une fois même Strauss se tire d'embarras en affirmant que « celui qui, dans ce cas, ne sait pas se tirer d'affaire lui-même, personne ne le tirera d'affaire et il faut croire qu'il n'est pas encore mûr pour adopter notre point de vue » (p. 366). Voyez avec quel acharnement dans sa conviction le stoïcien antique croit, par contre, en l'univers et en la raison de l'univers! Et, si on la considère ainsi, sous quelle lumière apparaîtra la prétention à l'originalité que Strauss revendique pour sa doctrine? Mais, qu'elle soit neuve ou ancienne, originale ou imitée, peu importerait, pourvu qu'elle soit vigoureuse, saine et naturelle. Strauss lui-même sacrifie aussi souvent que possible cette croyance, qui n'est qu'un pis-aller, pour nous indemniser par son savoir et pour présenter, avec une conscience tranquille, à ceux qu'il appelle « nous » ses connaissances scientifiques de récente date. Autant il met de timidité à parler de foi, autant il arrondit sa bouche et amplifie sa voix, lorsqu'il cite Darwin, le plus grand bienfaiteur de la plus récente humanité. Alors il exige non seulement la croyance au nouveau messie, mais il veut aussi que l'on ait foi en lui, le nouvel apôtre, par exemple lorsqu'il parle du thème le plus embrouillé des sciences naturelles et qu'il proclame avec une fierté vraiment antique : « On me dira que je parle de choses que je ne comprends pas. Fort bien. Mais d'autres viendront qui les comprennent et qui m'ont compris moi aussi » (p. 207). D'après cela il paraîtrait presque que les fameux « nous » doivent être limités non seulement à la foi en l'univers, mais encore à la croyance au naturaliste David Strauss. Il ne nous resterait alors plus qu'à souhaiter que, pour rendre sensible cette dernière croyance, on ne se servît point de moyens aussi pénibles et aussi cruels que ceux dont on usa pour aboutir à la première. Ou bien suffirait-il même de martyriser l'objet de la foi et non point le croyant lui-même pour provoquer cette « réaction religieuse » qui est la marque de la

« nouvelle foi » ? Quel mérite tirerions-nous alors de la religiosité de ceux que Strauss appelle « nous » !

Autrement on pourrait presque craindre que les hommes modernes poursuivent leur route sans se préoccuper particulièrement de l'ingrédient religieux apporté par l'apôtre, de même qu'ils ont vécu jusqu'à présent indifférents à la proposition de la « sagesse du monde ». Toutes les recherches de la science moderne au sujet de la nature et de l'histoire n'ont rien de commun avec la croyance à l'univers telle qu'elle est propre à Strauss; et la preuve que le philistin moderne n'a pas besoin de cette croyance se trouve précisément dans la description de sa vie, que Strauss présente dans le chapitre intitulé : « Comment ordonnons-nous notre vie? » Il a donc le droit de douter que le « véhicule auquel ses honorables lecteurs ont dû se confier ait répondu à toutes les exigences ». Il n'y répond pas du tout, car l'homme moderne avance plus vite s'il ne se confie pas au véhicule de M. Strauss — ou, plus exactement, il avançait plus vite bien avant qu'existât le véhicule straussien. S'il était donc vrai que cette fameuse minorité « qu'il ne faut pas négliger », cette minorité dont parle Strauss et au nom de laquelle il s'exprime, s'il était vrai qu'elle tînt beaucoup « à ce que l'on fût conséquent », elle serait certainement tout aussi peu satisfaite des services du *carrossier* Strauss, que nous consentons à accepter le logicien du même nom.

Quoi qu'il en soit, sacrifions le logicien ! Il se peut fort bien qu'au point de vue esthétique son livre possède une forme heureusement imaginée et qu'il corresponde aux lois de la beauté, bien qu'il soit dépourvu de plan et qu'il pèche par son manque de suite dans les idées. Et ici il nous faut soulever la question de savoir si Strauss est un bon écrivain, après avoir été forcé de reconnaître qu'il ne s'est pas comporté en savant capable de coordonner et de systématiser sévèrement.

Peut-être que, bien loin de vouloir chasser l'« ancienne foi » il ne se proposait que de séduire en présentant un tableau, aimable et riche en couleurs, de ce que serait la vie avec la nouvelle conception du monde. Or, quand il songeait aux savants et aux gens cultivés, ses lecteurs les plus naturels, il aurait précisément dû savoir, par expérience, qu'il y a bien moyen de les mettre par terre au moyen de la lourde artillerie des preuves scientifiques, mais que jamais on ne peut les forcer à capituler. Il aurait dû savoir, de plus, que ces mêmes lecteurs succombent d'autant plus facilement aux artifices de la séduction, surtout quand ces artifices sont court-vêtus. Cependant, Strauss nous dit expressément que son livre est « court-vêtu », qu'il est « court-vêtu » avec intention, et ses louangeurs publics le décrivent et le considèrent également comme « court-vêtu ». Un de ces louangeurs, un louangeur quelconque, transcrit, par exemple, cette impression de la façon suivante :

« Le discours se poursuit avec une harmonie agréable et c'est en quelque sorte en se jouant qu'il manie l'art de la démonstration partout où sa critique s'exerce contre les choses anciennes, et aussi là où il prépare avec séduction les choses nouvelles qu'il présente aussi bien au goût simple qu'au goût délicat. La disposition d'une matière aussi multiple qu'inégale, où il fallait toucher à tout sans rien amplifier, est imaginée avec beaucoup de subtilité. Les transitions d'une matière à l'autre sont jointes artistement et l'on ne sait pas s'il faut admirer davantage l'habileté qui est mise à écarter ou à taire des choses gênantes. »

Les sens de pareils louangeurs, s'il faut en juger par ce qui précède, manquent de raffinement pour juger ce que *peut* un auteur, mais ils mettent d'autant plus de raffinement à expliquer ce qu'un auteur *veut*. Or, ce que veut Strauss, nous le devinons avec le plus de certitude à la façon emphatique et innocente à demi qu'il met à recommander les grâces de Voltaire au service desquelles il aurait pu apprendre ces arts « court-vêtus » dont parle son louangeur — à condition toutefois que la vertu puisse s'enseigner et qu'un magister puisse devenir un danseur.

Qui donc n'aurait pas certaines arrière-pensées

en lisant, par exemple, les paroles suivantes de Strauss au sujet de Voltaire : « Original, Voltaire ne l'est certes point en tant que philosophe. Il s'assimile principalement les recherches anglaises. Mais il s'y montre absolument maître de son sujet ; il s'entend à le présenter de tous les côtés, avec une habileté incomparable, à le mettre en lumière sous toutes ses faces et, par là, il sait satisfaire à toutes les exigences de la profondeur, sans avoir cependant une méthode sévère. » Ici, tous les traits négatifs peuvent s'appliquer à Strauss : personne ne pourra prétendre qu'en tant que philosophe Strauss est original ou qu'il suit une méthode sévère, mais il s'agirait de savoir si nous pouvons le considérer comme « maître de son sujet » et lui reconnaître une « habileté incomparable ». L'aveu que l'œuvre est « court-vêtue » avec intention laisse deviner que Strauss visait du moins à cette « habileté incomparable ».

Construire non point un temple, non point une maison d'habitation, mais un pavillon entouré de tous les agréments que procure l'art des jardins, tel était le rêve de notre architecte. Il semble presque que ce sentiment mystérieux à l'égard de l'univers dont il nous parle ait été calculé principalement pour obtenir un effet esthétique. Cet effet, ce serait en quelque sorte la vue que l'on a sur un élément irrationnel, par exemple la mer, contemplée du haut d'une terrasse, construction charmante et des plus rationnelles. La marche à travers les premiers chapitres, c'est-à-dire à travers les catacombes théologiques, avec leur obscurité et leur ornementation confuse et baroque, n'était encore qu'un moyen esthétique pour faire ressortir, par les contrastes, la propreté, la clarté et le caractère raisonnable du chapitre qui porte le titre : « Comment nous comprenons le monde? » Car, immédiatement après cette marche dans les ténèbres et ce regard dans l'espace irrationnel, nous entrons dans une galerie qui reçoit le jour par en haut. Son aspect est sobre et clair. Ses murs sont couverts de cartes astronomiques et de figures mathématiques. Elle est remplie d'objets qui servent aux démonstrations scientifiques. Dans les vitrines, il y a des squelettes, des singes empaillés et des préparations anatomiques. Mais de là nous nous dirigeons, heureux plus que jamais, dans le logis confortable des habitants de la villa. Nous trouvons ceux-ci au milieu de leurs femmes et de leurs enfants, lisant leurs journaux, occupés aux conversations politiques de tous les jours. Nous les entendons discourir durant un certain temps sur le mariage et le suffrage universel, la peine de mort ou les grèves ouvrières, et il ne nous semble pas qu'il fût possible de défiler plus vite le chapelet des opinions publiques. Enfin l'on veut encore nous convaincre que ceux qui habitent ici ont un goût parfaitement classique. Un court arrêt dans la bibliothèque et dans la chambre de musique nous convainc que ce sont les meilleurs livres qui garnissent les rayons et que les morceaux les plus célèbres se trouvent dans les casiers à musique. On va même jusqu'à nous jouer quelque chose. De la musique de Haydn, nous affirme-t-on, mais Haydn certes n'y était pour rien, car ce que nous entendîmes ressemblait à de la musique familière de Riehl. Sur ces entrefaites, le maître de la maison a eu l'occasion de se déclarer tout à fait d'accord avec Lessing, et aussi avec Gœthe, à l'exclusion toutefois de la seconde partie de *Faust*. Pour finir, le propriétaire de la villa nous débite sa propre apologie et ajoute que celui-là est irrémédiablemeut perdu qui ne se sent pas à l'aise chez lui, car c'est quelqu'un qui n'est pas « mûr pour son point de vue ». Et, enfin, il nous offre encore sa voiture, en faisant toutefois cette réserve aimable qu'à son avis elle ne répond pas à toutes les exigences. Le chemin qui conduit chez lui est, d'autre part, fraîchement empierré, et il nous prévient que nous serons horriblement cahotés. Puis ce dieu des jardins aux goûts épicuriens prend congé de nous avec cette habileté incomparable qu'il louait chez Voltaire.

Qui donc saurait encore douter maintenant de son habileté incomparable! On a reconnu le libre maître de son sujet, démasqué l'horticulteur court-vêtu. Et toujours nous entendons la voix du classique qui dit : « En tant qu'écrivain je ne veux à aucun prix être un philistin. A aucun prix ! A aucun prix ! Je veux être Voltaire, le Voltaire allemand. Et pour mettre les choses au pire, le Lessing français ! »

Nous nous permettons de dévoiler un secret : notre magister ne sait pas toujours ce qu'il préférerait être, Voltaire ou Lessing, mais à aucun prix il ne veut être un philistin. Si cela est possible il voudrait les incarner tous deux, Lessing et Voltaire — afin que s'accomplisse ce qui était écrit : « Il n'a pas du tout de caractère, mais s'il voulait en avoir un il lui faudrait d'abord le prendre. »

10.

Si nous avons bien compris Strauss, le sectateur, il est un véritable philistin avec une âme rétrécie et sèche, avec des besoins savants et prosaïques ; et pourtant personne ne serait plus fâché d'être appelé philistin que David Strauss l'écrivain. Il serait satisfait, si on le disait pétulant, téméraire, malicieux, hardi ; mais son plus grand bonheur, ce serait d'être comparé à Lessing ou à Voltaire, parce que ceux-ci n'étaient certainement pas des philistins. Dans son désir d'atteindre ce bonheur, il hésite souvent, ne sachant pas s'il doit égaler l'audacieuse impétuosité dialectique d'un Lessing ou s'il lui conviendrait mieux de se comporter en vieillard faunesque et libertin à la manière de Voltaire. Chaque fois qu'il s'assied à sa table de travail pour écrire, il prend une expression comme s'il voulait faire faire son portrait; tantôt il imite le visage de Lessing tantôt celui de Voltaire. Quand nous lisons son éloge de la manière de Voltaire (p. 217, *Voltaire*), il nous semble l'entendre s'adresser à la conscience de l'époque, pour lui reprocher d'ignorer encore ce qu'est pour elle le Voltaire moderne : « Aussi les qualités sont-elles partout les mêmes, dit-il : une simplicité naturelle; une clarté transparente, une mobilité vivante, une grâce aimable. La chaleur et la vigueur ne manquent pas non plus lorsqu'elles sont nécessaires. L'aversion contre la boursouflure et l'affectation, chez Voltaire, venait du fond de la nature intime, de même que, d'autre part, quand parfois la malice ou les passions abaissaient son mode d'expression jusqu'à la vulgarité, la faute n'en était pas au styliste, mais à l'homme qu'il y avait en lui. » D'après ce passage, Strauss semble savoir fort bien ce qui en est de la *simplicité du style*. Celle-ci fut toujours la marque du génie, lequel possède seul le privilège de s'exprimer d'une façon simple, naturelle et avec naïveté. Ce n'est donc pas l'ambition la plus vulgaire qui fait choisir à un auteur la manière simple; car, bien qu'il y ait des gens qui s'aperçoivent de ce pour quoi un pareil auteur veut se faire passer, il y en a pourtant d'assez complaisants pour le tenir pour tel. Mais l'auteur génial ne se révèle pas seulement dans la simplicité de l'expression : sa force démesurée se joue du sujet, serait-il même dangereux et difficile. Personne ne marche d'un pas ferme lorsque le chemin est inconnu et semé de mille précipices : mais le génie s'engage en courant sur un pareil sentier, il fait des sauts hardis et gracieux, et se moque de celui qui mesure ses pas avec crainte et précaution.

Strauss sait fort bien que les problèmes devant lesquels il passe en courant sont sérieux et terribles et que des sages de tous les temps les ont considérés comme tels, et malgré cela il appelle son livre *court-vêtu*. De toutes ces terreurs, de la sombre gravité de la méditation, où l'on tombe d'ordinaire insensiblement, en face du problème de la valeur de l'existence et des devoirs de l'homme, rien ne demeure plus, lorsque le génial magister fait ses tours devant nous, « court-vêtu avec intention » ; oui, plus court-vêtu que son Rousseau, dont il sait nous dire qu'il se dépouillait par en bas et se drapait par en haut, tandis que, selon lui, Gœthe se drapait en bas et se dépouillait en haut. Il paraît que les génies tout à fait naïfs ne se drapent pas du tout. Il se pourrait donc que le mot « court-vêtu » ne soit qu'un euphémisme pour indiquer la nudité complète. Le peu de gens qui ont vu la déesse Vérité prétendent qu'elle était nue. Et peut-être aux yeux de ceux qui ne l'ont point vue, mais qui ont foi en ce petit nombre de gens, le fait d'être nu ou court-vêtu est-il déjà une preuve ou du moins un indice de la vérité. Le soupçon suffit pour tourner à l'avantage de la vanité qui est celle de l'auteur : Quelqu'un voit quelque chose de nu : comment! serait-ce la vérité : se dit-il,et il fait une figure plus solennelle qu'il n'a coutume. Mais c'est déjà pour l'auteur un grand avantage que de forcer ses lecteurs à le regarder d'une façon plus solennelle que l'on ne fait généralement pour un auteur quelconque et vêtu davantage. C'est le meilleur chemin pour arriver un jour à être un auteur « classique » : et Strauss nous raconte lui-même « qu'on lui a fait l'honneur non brigué de le considérer comme une sorte de prosateur classique ». Il croit donc avoir atteint son but. Strauss, le génie, court les rues, déguisé en « classique », dans ce costume court-vêtu des déesses, et Strauss, le philistin, veut, à tout prix, pour nous servir des tournures originales de ce génie, « être déclaré en déchéance », ou encore « être mis irrémédiablement à la porte ».

Mais, hélas! malgré tous les décrets de déchéance, malgré toutes les expulsions, le philistin revient et il revient souvent. Le visage, plié aux rides de Voltaire et de Lessing, revient, de ci de là, à son vieil aspect primitif et honnête! Hélas! le masque du génie tombe trop souvent, et jamais le regard du magister n'est plus maussade, jamais ses gestes ne sont plus raides que quand il vient de s'essayer à imiter les écarts du génie, de regarder avec le regard de feu de celui-ci. C'est justement parce que, pour notre climat rigoureux, il est trop court-vêtu qu'il s'expose au danger de se refroidir plus souvent et plus gravement qu'un autre. Quand le public s'aperçoit de tout cela, il en est fort marri. Mais, si jamais il veut être guéri, il faut lui faire publiquement le diagnostic suivant :

Il y avait jadis un Strauss, savant courageux et sévère, ceint d'étoffes solides, qui nous était aussi sympathique que tous ceux qui, en Allemagne, servent la vérité, avec sérieux et énergie, et qui s'entendent à dominer dans les limites de leur activité. Celui qui aujourd'hui a acquis la célébrité devant l'opinion publique, sous le nom de Strauss, n'est pas ce qu'il était autrefois. C'est peut-être la faute des théologiens s'il est devenu cet autre homme. Bref, son jeu actuel, avec le masque du génie, nous paraît tout aussi détestable ou ridicule que sa gravité ancienne nous poussait au sérieux et à la sympathie. Il a déclaré récemment : « Ce serait de l'ingratitude à l'égard de *mon génie* si je ne me réjouissais pas d'avoir reçu, outre le don de la critique impitoyablement dissolvante, la joie innocente de la création artistique. » Il se peut donc que Strauss soit étonné de voir que, malgré ce témoignage qu'il se rend à lui-même, il y ait des hommes qui prétendent le contraire : d'une part qu'il n'a jamais possédé le don de la création artistique et d'autre part que la joie qu'il appelle « innoceente » n'est rien moins qu'innocente, vu qu'elle a miné peu à peu une nature de véritable savant et de critique, c'est-à-dire le génie véritable de Strauss, pour finir par le détruire complètement. A vrai dire Strauss, dans un accès de franchise extrême, ajoute lui-même qu'il a toujours « porté en lui un Merck (1) qui ne cessait de lui dire : ne continue pas à écrire un pareil fatras, c'est là affaire des autres ! » C'était la voix du véritable génie de Strauss, la même qui lui dit aussi quelle est la valeur de son Testament, innocent et court-vêtu, du philistin moderne. D'autres en sont capables et beaucoup feraient mieux. Et ceux qui en seraient le plus capables, des esprits plus doués et plus riches que Strauss, n'auraient encore fait que du — fatras.

Je pense que l'on a bien compris à quel point j'estime l'écrivain Strauss : comme un comédien qui joue le génie naïf et le classique. Si Lichtenberg a pu dire un jour : « la manière simple doit être recommandée, ne fût-ce que pour cette raison qu'aucun honnête homme ne fignole ni ne raffine ses expressions », cela ne démontre pas encore que la manière simple est une preuve de probité littéraire. Je souhaiterais que l'écrivain Strauss fût plus honnête, car alors il écrirait mieux et il serait

(1) Merck, ami de jeunesse de Gœthe, dont certains traits servirent au personnage de Méphistophélès.

7.

moins célèbre. Pourtant, s'il voulait être comédien à tout prix, je souhaiterais qu'il fût bon comédien et qu'il imitât mieux le génie naïf et le classique, pour arriver à écrire d'une façon classique et géniale. Car il me reste à dire encore que Strauss est mauvais comédien et même styliste détestable.

II.

Le blâme que j'adresse à Strauss qu'il est un mauvais écrivain s'affaiblit, il est vrai, par le fait qu'il est très difficile, en Allemagne, de devenir un écrivain moyen et passable et qu'il est singulièrement invraisemblable que l'on puisse devenir un bon écrivain. Il nous manque ici le terrain naturel, l'évaluation artistique, la manière de traiter le discours oral et son développement. Le discours, dans toutes ses manifestations publiques, que ce soit la conversation des salons, le prêche ou le discours parlementaire, n'étant pas encore parvenu à un style national, et tout ce qui parle en Allemagne n'étant pas encore sorti de la naïve expérimentation avec le langage, l'écrivain ne saurait posséder de norme unitaire et il a un certain droit à se mesurer, de son propre chef avec la langue. Mais la conséquence inévitable de cet état de choses c'est cette dilapidation illimitée de la langue allemande actuelle que Schopenhauer a décrite avec tant d'énergie. « Si cela continue ainsi, disait-il un jour, en 1900 on ne comprendra plus très bien les classiques allemands, car on ne connaîtra plus d'autre langage que le misérable jargon de la noble « actualité » — dont le caractère fondamental est l'impuissance. » Et, de fait, des critiques et des grammairiens allemands élèvent déjà la voix dans les plus récents périodiques, pour proférer que nos classiques ne peuvent plus servir de modèles pour notre style, car ils emploient une grande quantité de mots, de tournures et d'enchaînements syntactiques dont nous avons perdu l'usage : c'est pourquoi il serait convenable de recueillir et de présenter en exemple les tours de force dans l'agencement des mots et des phrases chez les célébrités littéraires actuelles, ainsi qu'il a été fait par exemple dans le petit dictionnaire manuel de Sanders. Là Gutzkow, ce monstre répugnant au point de vue du style, apparaît comme un classique. Et, d'une façon générale, il paraît que nous allons devoir nous habituer à des classiques, foule surprenante et toute nouvelle, parmi lesquels David Strauss sera le premier ou du moins l'un des premiers, ce même Strauss que nous ne pouvions désigner autrement que nous avons fait; c'est-à-dire comme un styliste détestable.

Or, la façon dont le philistin cultivé conçoit le classique et l'écrivain modèle est très significative pour sa pseudo-culture. Car le philistin cultivé ne montre sa force qu'en s'opposant à un style de culture sévèrement artiste; et la persistance dans son opposition l'amène à une uniformité de manifestations qui finit par ressembler presque à de l'unité de style. Comment se peut-il qu'avec ce droit à l'expérimentation que l'on accorde à tout le monde, sur le domaine du langage, il y ait certains auteurs qui trouvent un ton agréable encore! Qu'est-ce qui peut donc intéresser chez eux d'une façon si générale? Avant tout une qualité négative: le manque de tout ce qui peut paraître choquant — *et tout ce qui est véritablement productif paraît choquant*. — Il est certain qu'un Allemand d'aujourd'hui puise la majeure partie de ses lectures quotidiennes dans les écrits périodiques, journaux et revues, dont le langage s'insinue dans son oreille goutte à goutte, avec un perpétuel rappel des mêmes mots et des mêmes tournures de phrases. Et comme il utilise généralement pour cette lecture les heures où son esprit fatigué, de toute façon, n'est pas prédisposé à la résistance, son sens du langage se familiarise peu à peu avec cet allemand quotidien, et il lui arrive par ailleurs d'en regretter l'absence avec douleur. Mais les fabricants de ces journaux, d'accord en cela avec la nature de leurs occupations, sont le plus habitués à l'écume de ce langage journalistique. Au sens propre du mot, ils ont perdu toute espèce de goût, et il arrive tout au plus à leur palais de goûter, avec une sorte de volupté, ce qui est tout à fait corrompu et arbitraire.

C'est ce qui explique le *tutti unisono* que l'on entonne, malgré ce relâchement et cet énervement général, chaque fois qu'un nouveau solécisme a été inventé. Avec ces impertinentes corruptions du langage, on exerce sa vengeance contre celui-ci, à cause de l'incroyable ennui qu'il provoque peu à peu chez ceux qui sont à sa solde. Je me souviens d'avoir lu un appel de Berthold Auerbach, adressé « au peuple allemand », où chaque tournure de phrase était défigurée et tronquée et dont l'ensemble ressemblait à une mosaïque de mots sans âme, avec une syntaxe internationale. Je ne parle pas du honteux langage bâclé qu'Edouard Devrient employa pour célébrer la mémoire de Mendelssohn.

La faute grammaticale, et c'est là ce qu'il y a de singulier, ne choque donc pas notre philistin, il la salue au contraire comme un charmant délassement dans le désert aride de l'allemand de tous les jours. Mais ce qui le blesse, c'est ce qui est véritablement productif. Chez l'écrivain-modèle ultra-moderne la syntaxe contournée, guindée ou complètement effilochée, le néologisme ridicule sont non seulement acceptés, on les lui compte encore comme un mérite, comme quelque chose de piquant. Malheur au styliste de caractère qui évite les clichés avec autant de sérieux et de persévérance que « les monstres de l'écrivasserie contemporaine éclos durant la nuit », comme dit Schopenhauer. Quand tout ce qui est plat, usé, sans force, vulgaire est accepté comme la règle, ce qu est mauvais et corrompu comme exception charmante, alors tout ce qui est vigoureux, noble et beau tombe dans le décri. Et l'histoire de ce voyageur, bien fait de sa personne, se répète sans cesse en Allemagne, qui, venu au pays des bossus, y est insulté de la plus honteuse façon à cause de sa prétendue difformité, et de son manque de bosse : jusqu'à ce qu'enfin un prêtre ait pitié de lui et dise au peuple : « Plaignez plutôt ce pauvre étranger et faites un sacrifice de gratitude aux dieux pour les remercier de nous avoir ornés de cette imposante gibbosité.

Si quelqu'un voulait faire actuellement une grammaire positive, selon ce style allemand qui est aujourd'hui le style de tout le monde, et s'il voulait rechercher les règles — impératifs non écrits, non formulés et pourtant suivis ! — qui exercent leur tyrannie sur la table de travail de chacun, il rencontrerait de singulières idées au sujet du style et de la rhétorique, idées qui proviennent peut-être encore de quelques réminiscences scolaires et de l'obligation qu'il avait autrefois de faire des exercices de style latin ou qui sont empruntées à la lecture des écrivains français, mais dont l'incroyable grossièreté ferait rire à bon droit tout Français qui aurait reçu une éducation normale. Ces idées singulières, sous la domination desquelles vivent et écrivent à peu près tous les Allemands, aucun Allemand consciencieux, semble-t-il, n'y a encore réfléchi.

Nous trouvons, par exemple, l'exigence de placer de temps en temps dans la phrase une image ou une métaphore, mais cette métaphore doit être neuve. Or, moderne, pour le pauvre cerveau de l'écrivassier, est identique à neuf, et dès lors il se creuse la tête pour déduire ses métaphores de l'argot technique des chemins de fers, du télégraphe, de la machine à vapeur, de la bourse et il est plein de fierté à l'idée que ces images doivent être neuves parce qu'elles sont modernes. Dans sa profession de foi, Strauss paie aussi honnêtement son tribut à la métaphore moderne. Il épilogue avec la description, longue d'une page et demie, d'une rectification d'alignement; quelques pages avant, il compare le monde à une machine, avec ses rouages, ses maillets, ses marteaux-pilons et son huile lénitive. — Ailleurs (p. 362) nous voyons « un repas qui commence avec du champagne ». — Ailleurs encore (page 325) : « Kant considéré comme établissement d'hydrothérapie. » — Mais citons quelques phrases : « La constitution fédérale de la Suisse est, par rapport à la constitution anglaise, ce qu'est un moulin à eau par rapport à une machine à vapeur, une valse ou une chanson, par rapport à une fugue ou une symphonie » (p. 265). — « A chaque appel il faut en passer par la filière. L'instance moyenne entre l'individu et l'humanité, c'est la nation » (p. 258). — « Lorsque nous voulons savoir s'il y a encore de la vie dans un organisme qui nous paraît engourdi, nous avons l'habitude de provoquer une irritation violente ou même douloureuse, par exemple une piqûre » (p. 141). — « Le domaine religieux dans l'âme humaine ressemble au territoire des peaux-rouges en Amérique » (p. 138). — « Les virtuoses de la piété dans les couvents » (p. 137). — « Placer, en toutes lettres, au-dessous de l'addition, le total de ce qui s'est passé jusqu'à ce jour » (p. 90). — « La théorie darwinienne ressemble à un chemin de fer dont le tracé vient seulement d'être fait — où les petits drapeaux flottent joyeusement au vent » (p. 176). De cette façon, c'est-à-dire d'une façon ultra-moderne, Strauss s'est arrangé de l'exigence des philistins qui veut que l'on présente de temps en temps une nouvelle métaphore.

Une autre exigence de rhétorique est encore très répandue, c'est que la dialectique s'étende en longues phrases, en larges abstractions, que, par contre, la persuasion s'exprime en phrases courtes, suivies de sautillantes antithèses. Il y a dans Strauss, à la page 131, une véritable phrase modèle par son allure dialectique et doctorale, phrase tirée en longueur par des boursouflures à la Schleiermacher et se déroulant avec l'agilité d'une tortue :

« Que, sur les degrés précédents de la religion, au lieu d'un seul de ces *comment*, il y en ait plusieurs, au lieu d'un seul Dieu apparaisse une multiplicité de divinités, cela vient, conformément à l'origine de la religion, du fait que les différentes forces de la nature, les différents rapports vitaux qui provoquent dans l'homme le sentiment d'une dépendance absolue agissaient primitivement encore dans toute leur multiplicité sur celui-ci et qu'il ne s'était pas encore rendu compte comment, par rapport à la dépendance absolue, il n'y avait pas de différence entre ces forces et que, par conséquent, le comment de cette dépendance, ou l'être auquel il faut rapporter celle-ci en dernière instance ne peut être qu'un seul. »

Un exemple opposé, pour les petites phrases courtes cette fois-ci, et cette vivacité affectée qui a tellement ému certains lecteurs qu'ils ne nomment plus Strauss que côte à côte avec Lessing, se trouve à la page 8 : « Ce que je veux exposer dans ce qui va suivre, je sais qu'il y a quantité innombrable de gens qui le savent aussi bien, certains même beaucoup mieux que moi. Quelques-uns ont même déjà parlé. Est-ce une raison pour que je me taise? Je ne le pense pas. Nous nous complétons tous les uns par les autres. Un autre en sait-il plus que moi, il y a pourtant des choses qui sont de ma compétence et, certaines d'entre elles, je les sais autrement, je les vois autrement que le reste de l'hu-

8

manité. Donc, parlons franc, affichons nos couleurs, pour que l'on voie si elles sont bon teint. »

Il est vrai qu'entre ce pas de course gaillard et cette lenteur de croque-mort le style de Strauss tient généralement le milieu ; mais, entre deux vices, n'habite pas toujours la vertu, on y rencontre trop souvent la paresse, la faiblesse et l'impuissance. Le fait est que j'ai été très déçu lorsque je me mis à chercher dans le livre de Strauss des traits subtils et spirituels, m'étant préparé une rubrique spéciale pour pouvoir du moins louer çà et là quelque chose chez l'écrivain Strauss, ne trouvant rien de louable chez le sectateur. J'eus beau chercher, mes recherches furent vaines et ma rubrique demeura vide. Par contre une autre rubrique se remplit rapidement. Elle portait cette suscription : Fautes de langage ; images confuses ; abréviations obscures ; platitudes, affectations du style. J'ose à peine donner un choix de ma trop grande collection de spécimens. Peut-être parviendrai-je à réunir, sous cette rubrique, justement ce qui, chez les Allemands actuels, fait croire au grand styliste charmant que l'on dit être Strauss. Ce sont des curiosités d'expressions qui, dans la monotone stérilité de ce livre, au milieu de sa vétusté, surprennent, non point d'une façon agréable, mais d'une façon douloureuse. Nous nous apercevons du moins — pour nous servir d'une image de Strauss — lorsque nous lisons de semblables passages, que nos sens ne sont pas complètement atrophiés et que nous savons encore réagir contre de pareilles piqûres. Car l'ensemble du livre témoigne de ce manque de tout ce qui est choquant —je veux dire de tout ce qui est productif — qualité positive reconnue aujourd'hui chez le prosateur classique. La sobriété et la sécheresse extrêmes, une sobriété conquise par la faim, éveillent aujourd'hui, chez les masses cultivées, l'idée artificielle qu'il y a là une preuve de santé, en sorte que l'on peut appliquer là ce que dit l'auteur du *Dialogus de oratoribus* : « *illam ipsam quam iactant sanitatem non firmitate sed ieiunio consequuntur* ». C'est pourquoi les masses cultivées haïssent avec une unanimité instinctive toute *firmitas*, parce qu'elle témoigne d'une toute autre santé que la leur, et elles cherchent à mettre en suspicion la densité rigide, la force fougueuse des mouvements, la plénitude et la délicatesse dans le jeu des muscles. Elles ont convenu de retourner la nature et le nom des choses et de parler dès lors de santé partout où nous voyons de la faiblesse, de maladie et d'exaltation, là où nous voyons de la santé véritable. C'est en vertu de ce principe que l'on considère David Strauss comme un « classique ».

Si cette sobriété était au moins une sobriété sévèrement logique! Mais c'est précisément la simplicité et la rigidité dans la pensée que ces « faibles » ont perdues et, entre leurs mains, le langage lui-même s'est effiloché jusqu'à l'illogique. Que l'on essaie donc de traduire en latin le style de Strauss, ce qui est possible même chez Kant et ce qui chez Schopenhauer est agréable et charmant. S'il est absolument impossible de faire de même avec l'allemand de Strauss, cela ne tient probablement pas au fait que sa langue est plus allemande que celle des deux autres, mais simplement à ceci qu'elle est embrouillée et illogique, tandis que chez Kant et chez Schopenhauer elle est pleine de simplicité et de grandeur. Celui qui sait, par contre, quels étaient les efforts des anciens pour apprendre à parler et à écrire et combien les modernes se donnent peu de peine, celui-là éprouvera, comme l'a dit une fois Schopenhauer, un véritable soulagement lorsque, après avoir été contraint par la force à terminer un livre allemand, il pourra de nouveau se tourner, vers d'autres langues, tant anciennes que modernes. « Car, écrit Schopenhauer, je me trouve du moins en présence d'un style fixé selon des règles, avec une grammaire et une orthographe déterminées et sévèrement observées et je puis entièrement m'abandonner au sujet. Tandis qu'en lisant de l'allemand je suis gêné à tout moment par la suffisance de l'auteur qui veut imposer ses lubies grammaticales et orthographiques et ses inventions grossières. Alors je suis écœuré par cette folie qui s'étale de si impertinente façon. C'est proprement une souffrance de voir maltraiter par des ignorants et des ânes une langue qui possède de belles œuvres classiques et anciennes. »

La colère sacrée de Schopenhauer vous jette ce défi et vous n'avez pas le droit de dire que vous n'avez pas été averti. Que celui pourtant qui ne veut écouter aucun avertissement et ne veut, à aucun prix, permettre que l'on amoindrisse sa foi en Strauss, le classique, que celui-là suive la dernière ordonnance que nous lui prescrivons : qu'il se mette à imiter Strauss. Essayez toujours à vos risques et périls; vous en pâtirez, dans votre style tout d'abord et, en fin de compte, dans votre esprit. Alors s'accomplira sur vous la parole de la sagesse hindoue : « Ronger une corne de vache est inutile et raccourcit la vie : on s'use les dents sans rencontrer aucune saveur. »

12.

Pour finir, nous ne voulons pas manquer de présenter à notre prosateur classique la collection d'échantillons de style que nous avons promise. Schopenhauer donnerait peut-être à cette collection le titre général de « Nouvelle contribution à la connaissance du misérable jargon actuel ». Car, et il faut le dire à la consolation de David Strauss, si cela peut lui servir de consolation : tout le monde écrit maintenant comme lui, quelquefois encore plus misérablement, de sorte que, dans le royaume des aveugles, tout borgne peut être roi. A vrai dire, nous sommes généreux en lui accordant un œil; mais nous le faisons parce que Strauss n'écrit pas aussi mal que les plus infâmes de tous les corrupteurs du langage, les hégéliens et leurs successeurs rabougris. Strauss a au moins la prétention de sortir de nouveau de ce marécage, mais s'il s'en est partiellement dégagé, il est encore loin d'être sur la terre ferme. On s'aperçoit que, dans sa jeunesse, il a bégayé les premiers mots en langage hégélien. C'est alors que quelque chose s'est démis chez lui, un muscle quelconque a dû se détendre. Son oreille, semblable à l'oreille d'un enfant élevé sous le roulement du tambour, s'est émoussée et jamais plus elle n'est parvenue à suivre les règles subtiles et fortes de la vibration artistique, sous la domination desquelles vit tout écrivain élevé par de bons exemples et une discipline sévère. Par là, en tant que styliste, il a perdu son meilleur patrimoine et il s'est condamné lui-même à s'appuyer, sa vie durant, sur le dangereux sable mouvant du style journalistique, à moins de s'enfoncer de nouveau dans le bourbier hégélien.

Malgré tout, durant quelques heures de l'époque actuelle, il est parvenu à la célébrité, et peut-être y aura-t-il encore plus tard quelques heures où l'on saura qu'il fut une célébrité. Mais, après cela, viendra la nuit et, avec elle l'oubli ; et, en cet instant déjà, où nous inscrivons ses péchés au livre noir du mauvais style, commence le crépuscule de sa gloire. Car, celui qui a péché contre la langue allemande a profané le mystère de tout notre germanisme. Seule la langue allemande, à travers tous les mélanges et les changements de nationalités et de mœurs, par une espèce de sortilège métaphysique, s'est sauvée elle-même et, de la sorte, elle a sauvé l'esprit allemand. Elle seule garantit aussi cet esprit pour l'avenir, au cas où elle ne serait pas détruite sous l'étreinte scélérate du présent. « Mais *Di meliora!* Sus aux pachydermes! C'est dans cette langue allemande que des hommes se sont exprimés. Dans cette langue, de grands poètes ont chanté, de grands penseurs ont écrit. A bas les pattes (1)! »

. . . .

A parler franchement, ce que nous avons vu ce furent des pieds d'argile et ce qui nous paraissait avoir la saine couleur de la chair n'était que du badigeonnage surajouté. Certes, la culture des philistins, en Allemagne, s'indignera d'entendre parler d'idoles bariolées, là où elle voit un Dieu vivant. Mais celui qui a le courage de renverser ses idoles ne craindra pas de braver leur indignation, pour leur dire en plein visage qu'ils ont eux-mêmes désappris de distinguer entre vivant et mort, vrai et faux, original et contrefaçon, Dieu et idole; qu'ils

(1) Nous supprimons ici quelques pages où Nietzsche donne des spécimens du style de David Strauss qui, traduits en français, perdraient toute espèce de saveur. — N. d. T.

ont perdu l'instinct sain et viril pour ce qui est juste et vrai. Cette culture mérite sa chute, et maintenant déjà s'affaiblissent les signes de sa domination, maintenant sa pourpre tombe, mais, quand la pourpre tombe, le prince ne reste pas longtemps debout.

J'ai terminé ma profession de foi. C'est la profession de foi d'un individu. Et que pourrait un individu contre le monde entier, sa voix trouverait-elle même partout des échos? Son jugement n'aurait en fin de compte, pour employer une image de Strauss, qu' « *une vérité subjective en proportion avec son absence de force de démonstration objective* ». N'est-ce pas, mes bons amis? Ayez donc, en attendant, bon courage! Il faut s'en tenir provisoirement à ce « *en proportion... avec son absence* ». En attendant! Je veux dire tant que passera pour inactuel ce qui fut toujours actuel, ce qui importe et ce qu'il est temps de dire plus que jamais... la vérité.

II

DE L'UTILITÉ ET DE L'INCONVÉNIENT DES ÉTUDES HISTORIQUES POUR LA VIE

(1874)

PRÉFACE

« Du reste je déteste tout ce qui ne fait que m'instruire, sans augmenter mon activité ou l'animer directement. » Ce sont là des paroles de Gœthe par lesquelles, comme un *Ceterum censeo* courageusement exprimé, pourra débuter notre considération sur la valeur et la non-valeur des études historiques. On y exposera pourquoi l'enseignement, sans la vivification, pourquoi la science qui paralyse l'activité, pourquoi l'histoire, précieux superflu de la connaissance et article de luxe, doivent être sérieusement, selon le mot de Gœthe, un objet de haine, — parce que nous manquons encore actuellement de ce qu'il y a de plus nécessaire, car le superflu est l'ennemi du nécessaire. Certes, nous avons besoin de l'histoire, mais autrement que n'en a besoin l'oisif promeneur dans le jardin de la science, quel que soit le dédain que celui-ci jette, du haut de sa grandeur, sur nos nécessités et nos besoins rudes et sans grâce. Cela signifie que nous avons besoin de l'histoire pour vivre et pour agir, et non point pour nous détourner nonchalamment de la vie et de l'action, ou encore pour enjoliver la vie égoïste et l'action lâche et mauvaise. Nous voulons servir l'histoire seulement en tant qu'elle sert la vie. Mais il y a une façon d'envisager l'histoire et de faire de l'histoire grâce à laquelle la vie s'étiole et dégénère. C'est là un phénomène qu'il est maintenant nécessaire autant que douloureux de faire connaître, d'après les singuliers symptômes de notre temps.

Je me suis efforcé de dépeindre un sentiment qui m'a souvent tourmenté. Je me venge de ce sentiment en le livrant à la publicité. Peut-être se trouvera-t-il quelqu'un qui, par ma description, se sentira poussé à me déclarer qu'il connaît, lui aussi, ce sentiment, mais que je ne l'ai pas ressenti d'une façon assez pure et primesautière, de sorte que je ne suis pas parvenu à l'exprimer avec la précision et la maturité dans le jugement qui convenaient en la matière. Ce sera peut-etre le cas de l'un ou de l'autre, mais la plupart d'entre mes lecteurs me diront que mon sentiment est absolument faux, abominable, anti-naturel et illicite, que, de plus, en le manifestant, je me suis montré indigne du puissant courant historique tel qu'il s'est produit, on ne l'ignore pas, depuis deux générations, surtout parmi les Allemands. Or, il est certain qu'en me hasardant de décrire mon sentiment au naturel, je hâte plutôt que je n'entrave les convenances universelles, car, de la sorte, je fournis à beaucoup de gens l'occasion de glorifier le courant susdit. Pour ma part, cependant, je gagne quelque chose qui m'est encore plus précieux que les convenances, c'est d'être instruit et éclairé publiquement au sujet de notre époque.

Inactuelle, cette considération l'est encore parce que j'essaie d'interpréter comme un mal, une infirmité et un vice, quelque chose dont notre époque est fière à juste titre — sa culture historique —, parce que je crois même que nous souffrons tous d'une consomption historique et que nous devrions tous reconnaître qu'il en est ainsi. Gœthe a dit à bon droit qu'en même temps que nous cultivons nos vertus nous cultivons aussi nos vices. Chacun sait qu'une vertu hypertrophiée — et le sens historique de notre époque me semble en être une — peut entraîner la chute d'un peuple aussi bien qu'un vice hypertrophié. Qu'on me laisse donc faire ! Je dirai, à mon excuse, que les expériences qui ont provoqué chez moi ces tortures, je les ai faites presque toujours sur moi-même et que c'est seulement par comparaison que je me suis servi des expériences des autres. Etant aussi l'élève des temps anciens, surtout de la Grèce, j'ai acquis sur moi-même, comme enfant de ce temps-ci, les expériences que j'appelle inactuelles. Ceci du moins j'ai le droit de me le concéder à moi-même, de par ma profession de philologue classique. Car je ne sais pas quel but pourrait avoir la philologie classique, à notre époque, si ce n'est celui d'agir d'une façon inactuelle, c'est-à-dire contre le temps, et par là-même, sur le temps, en faveur, je l'espère, d'un temps à venir.

I.

Contemple le troupeau qui passe devant toi en broutant. Il ne sait pas ce qu'était hier ni ce qu'est aujourd'hui : il court de ci de là, mange, se repose et se remet à courir, et ainsi du matin au soir, jour pour jour, quel que soit son plaisir ou son déplaisir. Attaché au piquet du moment il n'en témoigne ni mélancolie ni ennui. L'homme s'attriste de voir pareille chose, parce qu'il se rengorge devant la bête et qu'il est pourtant jaloux du bonheur de celle-ci. Car c'est là ce qu'il veut : n'éprouver, comme la bête, ni dégoût ni souffrance, et pourtant il le veut autrement, parce qu'il ne peut pas vouloir comme la bête. Il arriva peut-être un jour à l'homme de demander à la bête : « Pourquoi ne me parles-tu pas de ton bonheur et pourquoi ne fais-tu que me regarder ? » Et la bête voulut répondre et dire : « Cela vient de ce que j'oublie chaque fois ce que j'ai l'intention de répondre. » Or, tandis qu'elle préparait cette réponse, elle l'avait déjà oubliée et elle se tut, en sorte que l'homme s'en étonna.

Mais il s'étonna aussi de lui-même, parce qu'il ne pouvait pas apprendre à oublier et qu'il restait sans cesse accroché au passé. Quoi qu'il fasse, qu'il s'en aille courir au loin, qu'il hâte le pas, toujours la chaîne court avec lui. C'est une merveille : le moment est là en un clin d'œil, en un clin d'œil il disparaît. Avant c'est le néant, après c'est le néant, mais le moment revient pour troubler le repos du moment à venir. Sans cesse une, page se détache du rôle du temps, elle s'abat, va flotter au loin, pour revenir, poussée sur les genoux de l'homme. Alors l'homme dit : « Je me souviens. » Et il imite l'animal qui oublie aussitôt et qui voit chaque moment mourir véritablement, retourner à la nuit et s'éteindre à jamais. C'est ainsi que l'animal vit d'une façon *non-historique :* car il se réduit dans le temps, semblable à un nombre, sans qu'il reste une fraction bizarre. Il ne sait pas simuler, il ne cache rien et apparaît toujours pareil à lui-même, sa sincérité est donc involontaire. L'homme, par contre, s'arc-boute contre le poids toujours plus lourd du passé. Ce poids l'accable ou l'incline sur le côté, il alourdit son pas, tel un invisible et obscur fardeau. Il peut le renier en apparence, ce qu'il aime à faire en présence de ses semblables, afin d'éveiller leur jalousie. C'est pourquoi il est ému, comme s'il se souvenait du paradis perdu, lorsqu'il voit le troupeau au pâturage, ou aussi, tout près de lui, dans un commerce familier, l'enfant qui n'a encore rien à renier du passé et qui, entre les enclos d'hier et ceux de demain, se livre à ses jeux dans un bienheureux aveuglement. Et pourtant l'enfant ne peut toujours jouer sans être assailli de troubles. Trop tôt on le fait sortir de l'oubli. Alors il apprend à comprendre le mot « il était », ce mot de ralliement avec lequel la lutte, la souffrance et le dégoût s'approchent de l'homme, pour lui faire souvenir de ce que son existence est au fond : un imparfait à jamais imperfectible. Quand enfin la mort apporte l'oubli tant désiré, elle dérobe aussi le présent et la vie. Elle appose en même temps son sceau sur cette conviction que l'existence n'est qu'une succession ininterrompue d'événements passés, une chose qui vit de se nier et de se détruire elle-même, de se contredire sans cesse.

Si c'est un bonheur, un besoin avide de nouveau bonheur qui, dans un sens quelconque, attache le vivant à la vie et le pousse à continuer à vivre, aucun philosophe n'a peut-être raison autant que le cynique : car le bonheur de la bête, qui est la forme la plus accomplie du cynisme, est la preuve vivante des droits du cynique. Le plus petit bonheur, pourvu qu'il reste ininterrompu et qu'il rende heureux, renferme, sans conteste, une dose supérieure de bonheur que le plus grand qui n'arrive que comme un épisode, en quelque sorte par fantaisie, telle une idée folle, au milieu des ennuis, des désirs et des privations. Mais le plus petit comme le plus grand bonheur sont toujours créés par une chose : le pouvoir d'oublier, ou, pour m'exprimer en savant, la faculté de sentir, abstraction faite de toute idée historique, pendant toute la durée du bonheur. Celui qui ne sait pas se reposer sur le seuil du moment, oubliant tout le passé, celui qui ne sait pas se dresser, comme le génie de la victoire, sans vertige et sans crainte, ne saura jamais ce que c'est que le bonheur, et, ce qui pis est, il ne fera jamais rien qui puisse rendre heureux les autres. Imaginez l'exemple le plus complet : un homme qui serait absolument dépourvu de la faculté d'oublier et qui serait condamné à voir, en toute chose, le devenir. Un tel homme ne croirait plus à son propre être, ne croirait plus en lui-même. Il verrait toutes choses se dérouler en une série de points mouvants, il se perdrait dans cette mer du devenir. En véritable élève d'Héraclite il finirait par ne plus oser lever un doigt. Toute action exige l'oubli, comme tout organisme a besoin, non seulement de lumière, mais encore d'obscurité. Un homme qui voudrait ne sentir que d'une façon purement historique ressemblerait à quelqu'un que l'on aurait forcé de se priver de sommeil, ou bien à un animal qui serait condamné à ruminer sans cesse les mêmes aliments. Il est donc possible de vivre sans presque se souvenir, de vivre même heureux, à l'exemple de l'animal, mais il est absolument impossible de vivre sans oublier. Si je devais m'exprimer, sur ce sujet, d'une façon plus simple encore, je dirais : *il y a un degré d'insomnie, de rumi-*

nation, de sens historique qui nuit à l'être vivant et finit par l'anéantir, qu'il s'agisse d'un homme, d'un peuple ou d'une civilisation.

Pour pouvoir déterminer ce degré et, par celui-ci, les limites où le passé doit être oublié sous peine de devenir le fossoyeur du présent, il faudrait connaître exactement la *force plastique* d'un homme, d'un peuple, d'une civilisation, je veux dire cette force qui permet de se développer hors de soi-même, d'une façon qui vous est propre, de transformer et d'incorporer les choses du passé, de guérir et de cicatriser des blessures, de remplacer ce qui est perdu, de refaire par soi-même des formes brisées. Il y a des hommes qui possèdent cette force à un degré si minime qu'un seul événement, une seule douleur, parfois même une seule légère petite injustice les fait périr irrémédiablement, comme si tout leur sang s'écoulait par une petite blessure. Il y en a, d'autre part, que les accidents les plus sauvages et les plus épouvantables de la vie touchent si peu, sur lesquels les effets de leur propre méchanceté ont si peu de prise qu'au milieu de la crise la plus violente, ou aussitôt après cette crise, ils parviennent à un bien-être passable, à une façon de conscience tranquille. Plus la nature intérieure d'un homme possède de fortes racines, plus il s'appropriera de parcelles du passé. Et, si l'on voulait imaginer la nature la plus puissante et la plus formidable, on la reconnaîtrait à ceci qu'elle ignorerait les limites où le sens historique pourrait agir d'une façon nuisible ou parasitaire. Cette nature attirerait à elle tout ce qui appartient au passé, que ce soit au sien propre ou à l'histoire, elle l'absorberait pour le transmuer en quelque sorte en sang. Ce qu'une pareille nature ne maîtrise pas, elle sait l'oublier. Ce qu'elle oublie n'existe plus. L'horizon est fermé et forme un tout. Rien ne pourrait faire souvenir qu'au delà de cet horizon il y a des hommes, des passions, des doctrines et des buts. Ceci est une loi universelle : tout ce qui est vivant ne peut devenir sain, fort et fécond que dans les limites d'un horizon déterminé. Si l'organisme est incapable de tracer autour de lui un horizon, s'il est d'autre part trop poussé vers des fins personnelles pour donner à ce qui est étranger un caractère individuel, il s'achemine, stérile ou hâtif, vers un rapide déclin. La sérénité, la bonne conscience, l'activité joyeuse, la confiance en l'avenir — tout cela dépend, chez l'individu comme chez le peuple, de l'existence d'une ligne de démarcation qui sépare ce qui est clair, ce que l'on peut embrasser du regard, de ce qui est obscur et hors de vue, dépend de la faculté d'oublier au bon moment aussi bien que, lorsque cela est nécessaire, de se souvenir au bon moment, dépend de l'instinct vigoureux que l'on met à sentir si et quand il est nécessaire de voir les choses au point de vue historique, si et quand il est nécessaire de voir les choses au point de vue non-historique. Et voici précisément la proposition que le lecteur est invité à considérer : le point de vue historique aussi bien que le point de vue non-historique sont nécessaires à la santé d'un individu, d'un peuple et d'une civilisation.

Chacun voudra commencer ici par faire une observation. Les connaissances et les sentiments historiques d'un homme peuvent être très limités, son horizon peut être étroit, comme celui d'un habitant d'une vallée des Alpes; dans chaque jugement il pourra placer une injustice, pour chaque conception il pourra commettre l'erreur de croire qu'il est le premier à la formuler. Malgré toutes les injustices et toutes les erreurs, il gardera son insurmontable verdeur, et sa santé réjouira tous les yeux. Et, tout près de lui, celui qui est infiniment plus juste et plus savant s'étiolera et ira à sa ruine, parce que les lignes de son horizon sont instables et se déplacent toujours à nouveau, parce qu'il ne parvient pas à se dégager des fines mailles que son esprit d'équité et de véracité tendent autour de lui, pour s'adonner à une dure volonté, à des aspirations brutales. Nous avons vu qu'au contraire l'animal, entièrement dépourvu de conceptions historiques, limité par un horizon en quelque sorte composé de points, vit pourtant dans un bonheur relatif et pour le moins sans ennui, ignorant la nécessité de simuler. La faculté de pouvoir sentir, en une certaine mesure, d'une façon non-historique devra donc être tenue par nous pour la faculté la plus importante, pour une faculté primordiale, en tant qu'elle renferme le fondement sur lequel peut seul s'édifier quelque chose de solide, de bien portant et de grand, quelque chose de véritablement humain. Ce qui est non-historique ressemble à une atmosphère ambiante, où seule peut s'engendrer la vie, pour disparaître de nouveau avec l'anéantissement de cette atmosphère. A vrai dire, l'homme ne devient homme que lorsqu'il arrive en pensant, en repensant, en comparant, en séparant et en réunissant, à restreindre cet élément non-historique. Dans la nuée qui l'enveloppe, naît alors un rayon de claire lumière et il possède la force d'utiliser ce qui est passé, en vue de la vie, pour transformer les événements en histoire. Mais, lorsque les souvenirs historiques deviennent trop écrasants, l'homme cesse de nouveau d'être, et, s'il n'avait pas possédé cette ambiance non-historique il n'aurait jamais commencé d'être, il n'aurait jamais osé commencer. Où y a-t-il des actes que l'homme eût été capable d'accomplir sans s'être enveloppé d'abord de cette nuée non-historique ?

Mais abandonnons les images et illustrons notre démonstration par un exemple. Qu'on s'imagine un homme secoué ou entraîné par une passion violente, soit pour une femme, soit pour une grande idée! Comme le monde se transforme à ses yeux! Quand il regarde derrière lui, il se sent aveugle, ce qui se passe à ses côtés lui est étranger, comme s'il entendait des sons vagues et sans signification; ce qu'il aperçoit, jamais il ne l'aperçut ainsi, avec autant d'intensité, d'une façon aussi vraie, aussi rapprochée, aussi coloriée et aussi illuminée, comme s'il en était saisi par tous les sens à la fois. Toutes les évaluations sont pour lui changées et dépréciées. Il y a tant de choses qu'il ne goûte plus, parce qu'il les sent à peine. Il se demande s'il a longtemps été la dupe de mots étrangers, d'opinions étrangères; il s'étonne que sa mémoire tourne infatigablement dans le même cercle et que pourtant elle soit trop faible et trop lasse pour faire seulement un seul bond en dehors de ce cercle. Cette condition est la plus injuste que l'on puisse imaginer, elle est étroite, ingrate envers le passé, aveugle en face du danger, sourde aux avertissements; on dirait un petit tourbillon vivant dans une mer morte de nuit et d'oubli. Et pourtant d'un pareil état d'esprit, quelque non-historique et anti-historique qu'il soit, est née non seulement l'action injuste, mais aussi toute action vraie; nul artiste ne réalisera son œuvre, nul général sa victoire, nul peuple sa liberté, sans les avoir désirées et y avoir aspiré préalablement dans une semblable condition non-historique. De même que celui qui agit, selon l'expression de Gœthe, est toujours sans conscience, il est aussi toujours dépourvu de science. Il oublie la plupart des choses pour en faire une seule. Il est injuste envers ce qui est derrière lui et il ne connaît qu'un seul droit, le droit de ce qui est prêt à être. Ainsi, tous ceux qui agissent, aiment leur action infiniment plus qu'elle ne mérite d'être aimée. Et les meilleures actions se font dans un tel débordement d'amour qu'elles sont certainement indignes de cet amour, bien que leur valeur soit incalculable.

Si quelqu'un était capable de se placer dans l'atmosphère non-historique, pour flairer et comprendre les nombreux cas de grands événements historiques qui y ont pris naissance, il serait peut-être à même, en tant qu'être connaissant, de s'élever à un point de vue *supra-historique*, tel que l'a décrit Niebuhr, comme résultat possible des considérations historiques.

« L'histoire, dit Niebuhr, comprise d'une façon claire et détaillée, sert du moins à une chose : à se convaincre que les esprits les plus élevés de notre espèce humaine ne savent pas combien fortuite est la conception qui est la leur, et qu'ils imposent avec violence aux autres — avec violence, parce que l'intensité de leur conscience est extrêmement vive. Celui qui n'a pas la certitude de ce fait et n'en a pas fait l'expérience dans des cas nombreux, celui-là se laisse terrasser par l'apparition d'un esprit puissant qui veut la passion la plus haute dans une forme déterminée. » Il faudrait dénommer supra-historique ce point de vue, parce que celui qui s'y placerait ne pourrait plus éprouver aucune tentation de continuer à vivre et à participer à l'histoire, par là même qu'il aurait reconnu l'existence de cette seule condition indispensable à toute action : l'aveuglement et l'injustice dans l'âme de celui qui agit. Il serait même guéri de la tendance de prendre dorénavant l'histoire démesurément au sérieux. Car, en face de chaque homme, en face de chaque événement, parmi les Grecs ou les Turcs, qu'il s'agisse d'une heure du premier ou d'une heure du dix-neuvième siècle, il aurait appris à résoudre la question de savoir pourquoi et comment on vit. Celui qui demanderait à ses amis, s'ils seraient tentés de revivre les dix ou vingt dernières années de leur vie, apprendrait facilement à connaître lequel d'entre eux est préparé à ce point de vue supra-historique. Il est vrai qu'ils répondront tous *non*, mais ce *non* ils le motiveront de façon différente. Les uns espéreront peut-être avec confiance que « les vingt prochaines années seront meilleures ». Ce sont ceux dont David Hume dit ironiquement :

And from the dregs of life hope to receive,
What the first sprightly running could not give.

Nous voulons les appeler les hommes historiques. Un regard jeté dans le passé les pousse à préjuger de l'avenir, leur donne le courage de lutter encore avec la vie, fait naître en eux l'espoir que le bien finira par venir, que le bonheur gîte derrière la montagne dont ils s'approchent. Ces hommes historiques s'imaginent que le sens de la vie leur apparaîtra à mesure qu'ils apercevront le développement de celle-ci ; ils regardent en arrière pour comprendre le présent, par la contemplation du passé, pour apprendre à désirer l'avenir avec plus de violence. Ils ne savent pas combien ils pensent et agissent d'une façon non-historique, malgré leur Histoire, et combien leurs études historiques, au lieu d'être au service de la connaissance pure, se trouve être à celui de la vie.

Mais cette question, à quoi nous avons donné la première réponse, peut aussi bien être résolue d'une façon différente. Il est vrai que c'est encore une fois par une négation, mais par une négation qui repose sur des arguments différents. La négation de l'homme supra-historique ne voit pas le salut dans le développement mais considère, au contraire, que le monde est terminé et atteint sa fin à chaque moment particulier. Que pourrait-on apprendre de dix nouvelles années, si ce n'est ce que les dix années écoulées ont déjà enseigné !

Savoir si le sens de cet enseignement c'est le bonheur ou la résignation, la vertu ou la pénitence, c'est sur quoi les hommes supra-historiques ne se sont jamais accordés entre eux. Mais à l'encontre de toute considération historique du passé, ils sont unanimes à déclarer que le passé et le présent sont identiques, c'est-à-dire qu'avec toute leur diversité ils se ressemblent d'une façon typique. Ils représentent des normes immuables et omniprésentes, un organisme immobile d'une valeur stable et d'une signification toujours pareille. De même que cent langues différentes correspondent aux mêmes besoins typiques et déterminés des hommes, de sorte que quelqu'un qui comprendrait ces besoins, de toutes les langues n'aurait rien à apprendre de nouveau, de même le penseur supra-historique projette une lumière intérieure sur toute l'histoire des peuples et des individus, devinant, en visionnaire, le sens primitit des différents hiéroglyphes, évitant même avec lassitude les signes dont le nombre s'accroît de jour en jour. Car, comment, dans l'abondance infinie des événements, n'en arriverait-il pas à la satiété, à la sursaturation et même au dégoût ? De sorte que le plus audacieux finirait peut-être par être prêt à dire à son cœur, avec Léopardi :

Rien ne vit qui soit digne
De tes élans et la terre ne mérite pas un soupir.
Douleur et ennui, voilà notre être et le monde
est boue — point autre chose.
Calme-toi.

Mais laissons les hommes supra-historiques à leur dégoût et à leur sagesse. Aujourd'hui nous voulons, au contraire, nous réjouir de tout cœur de notre manque de sagesse, et — prendre du bon temps en véritables hommes d'action et de progrès, en vénérateurs de l'évolution. Il se peut que notre appréciation du développement historique ne soit qu'un préjugé occidental! Pourvu que, dans les limites de ce préjugé, nous progressions et nous ne nous arrêtions pas en route! Pourvu que nous apprenions toujours mieux à faire de l'histoire *en vue de la vie!* Alors nous concéderons volontiers aux supra-historiques qu'ils possèdent plus de sagesse que nous; à condition, bien entendu, que nous puissions avoir la certitude de posséder la vie à un degré supérieur, car alors notre manque de sagesse aurait plus d'avenir que leur sagesse à eux. Et pour qu'il n'y ait point de doute sur le sens de cette antinomie entre la vie et la sagesse, je veux appeler à mon secours un procédé qui depuis longtemps a fait ses preuves et établir directement quelques thèses.

Un phénomène historique étudié d'une façon absolue et complète et réduit en phénomène de la connaissance est mort pour celui qui l'a étudié, car, en même temps, il a reconnu la folie, l'injustice, l'aveugle passion, en général tout l'horizon obscur et terrestre de ce phénomène et par là même sa puissance historique. Dès lors, cette puissance, pour lui qui sait, est devenue sans puissance; mais, pour lui qui vit, elle ne l'est peut-être pas encore.

L'histoire, considérée comme science pure devenue souveraine, serait, pour l'humanité, une sorte de conclusion et de bilan de la vie. La culture historique, par contre, n'est bienfaisante et pleine de promesses pour l'avenir que lorsqu'elle côtoie un puissant et nouveau courant de la vie, une civilisation en train de se former, donc uniquement lorsqu'elle est dominée et conduite par une puissance supérieure et qu'elle ne domine et ne conduit pas elle-même.

L'histoire, pour autant qu'elle est placée au service de la vie, se trouve au service d'une puissance non-historique, et, à cause de cela, dans cet état de subordination, elle ne pourra et ne devra jamais être une science pure, telle que l'est, par exemple, la mathématique. Mais la question de savoir jusqu'à quel point la vie a besoin, d'une façon générale, des services de l'histoire, c'est là un des problèmes les plus élevés, un des plus grands intérêts de la vie, car il s'agit de la santé d'un homme, d'un peuple, d'une civilisation. Quand l'histoire prend une prédominance trop grande, la vie s'émiette et dégénère et, en fin de compte, l'histoire elle-même pâtit de cette dégénérescence.

2.

La vie a besoin des services de l'histoire, il est aussi nécessaire de s'en convaincre que de cette autre proposition qu'il faudra démontrer plus tard, à savoir que l'excès d'études historiques est nuisible aux vivants. L'histoire appartient au vivant sous trois rapports : elle lui appartient parce qu'il est actif et qu'il aspire ; parce qu'il conserve et qu'il vénère ; parce qu'il souffre et qu'il a besoin de délivrance. A cette trinité de rapports correspondent trois espèces d'histoire, s'il est permis de distinguer, dans l'étude de l'histoire, un point de vue *monumental*, un point de vue *antiquaire* et un point de vue *critique*.

L'histoire appartient avant tout à l'actif et au puissant, à celui qui participe à une grande lutte et qui, ayant besoin de maîtres, d'exemples, de consolateurs, ne saurait les trouver parmi ses compagnons et dans le présent. C'est ainsi que l'histoire appartient à Schiller, car, disait Gœthe, notre temps est si mauvais que le poète, dans la vie humaine qui l'entoure, ne rencontre plus de nature qu'il puisse utiliser. Faisant allusion aux hommes actifs, Polybe appelle, par exemple, l'histoire politique la véritable préparation au gouvernement d'un Etat et le meilleur enseignement qui, en nous faisant souvenir des malheurs des autres, nous exhorte à supporter avec fermeté les alternatives de la chance. Celui qui a appris à interpréter ainsi le sens de l'histoire doit s'attrister de voir des voyageurs indiscrets ou de minutieux micrologues sur les pyramides d'un passé auguste. Sur les lieux qui l'incitent à suivre un exemple ou à faire mieux, il ne souhaite pas de rencontrer le désœuvré qui, avide de distractions ou de sensations, se promène là comme parmi les trésors amassés d'une galerie de tableaux. L'homme actif, mêlé aux désœuvrés, faibles et sans espoir, parmi les compagnons occupés seulement en apparence, mais qui ne font que s'agiter et se débattre, pour qu'il ne se prenne pas à désespérer et à ressentir du dégoût, il a besoin de regarder derrière lui. Il interrompt sa course vers le but pour respirer. Mais son but, c'est un bonheur quelconque, ce n'est peut-être pas le sien; souvent c'est celui d'un peuple ou de l'humanité tout entière. Il recule devant la résignation et l'histoire lui est un remède contre la résignation. Le plus souvent aucune récompense ne l'attend, si ce n'est la gloire, c'est-à-dire l'expectative d'une place d'honneur au temple de l'histoire, où il pourra être lui-même, pour ceux qui viendront plus tard, maître, consolateur et avertisseur. Car son commandement lui dit que ce qui fut jadis capable d'élargir la conception de l' « homme » et de réaliser cette conception avec plus de beauté, devra exister éternellement pour être éternellement capable de la même chose. Que les grands moments dans la lutte des individus forment une chaîne, que les sommets de l'humanité s'unissent dans les hauteurs à travers des milliers d'années, que pour moi ce qu'il y a de plus élevé dans un de ces moments passé depuis longtemps soit encore vivant, clair et grand — c'est là l'idée fondamentale cachée dans la foi en l'humanité, l'idée qui s'exprime par la revendication d'une *histoire monumentale*. Mais c'est précisément à cause de cette revendication : ce qui est grand doit être éternel, que s'allume la lutte la plus terrible. Car tout le reste, tout ce qui est encore vivant crie: *non!* Ce qui est *monumental* ne doit pas avoir le droit de se former — c'est là le mot d'ordre contraire. L'habitude apathique, tout ce qui est petit et bas et qui remplit tous les recoins du monde, répand sa lourde atmosphère autour de tout ce qui est grand, jette ses entraves et ses duperies sur le chemin que doit parcourir le sublime pour arriver à l'immortalité. Ce chemin cependant traverse des cerveaux humains, des cerveaux de bêtes inquiètes et éphémères, toujours agités par les mêmes maux et qui ont de la peine à lutter, pour peu de temps, contre la destruction! Car, avant tout, ces êtres ne veulent qu'une chose: vivre à tout prix. Qui donc pourrait supposer chez eux cette difficile course du flambeau de l'*histoire monumentale*, par quoi seul survit le sublime! Et pourtant, parmi les hommes, il en naît toujours quelques-uns qui, regardant la grandeur passée, fortifiés par cette contemplation, se sentent tellement enivrés que l'on pourrait croire que la vie humaine est une chose merveilleuse, que le plus beau fruit de cette plante amère ce serait de connaître qu'autrefois il y en eut un qui, fort et fier, traversa l'existence, un autre qui la traversa avec mélancolie, un troisième avec pitié et compassion — tous laissant cependant un seul enseignement, à savoir que celui-là seul vit de la plus merveilleuse façon qui n'estime point la vie. Alors que l'homme vulgaire prend au sérieux ce court espace de temps, alors qu'il le trouve tristement désirable, ceux-là au contraire, sur la route qui mène à l'immortalité et à l'*histoire monumentale*, parvinrent à s'élever au rire olympien, ou du moins à un sublime dédain ; souvent ils descendirent avec ironie dans une tombe — car qu'y avait-il chez eux à enterrer? Cela seul qui les avait toujours oppressés, étant scorie, déchet, vanité, animalité, et qui maintenant tombe dans l'oubli après avoir été abandonné depuis longtemps à leur propre mépris. Mais une chose vivra, le monogramme de leur essence la plus intime, une œuvre, une action, une clarté singulière, une création : vivra parce que nulle postérité ne pourrait s'en passer.

Sous cette forme transfigurée, la gloire est autre chose que l'exquise pâture de notre amour-propre, comme l'a appelée Schopenhauer ; elle est la foi en l'homogénéité et la continuité de ce qui est sublime dans tous les temps, elle est la protestation contre le changement des espèces et l'instabilité.

Par quoi donc la contemplation monumentale du passé, l'intérêt pour ce qui est classique et rare dans les temps écoulés, peut-il être utile à l'homme d'aujourd'hui? L'homme conclut que le sublime qui *a été* autrefois a certainement été *possible* autrefois et sera par conséquent encore possible un jour. Il suit courageusement son chemin, car maintenant il a écarté le doute qui l'assaillait aux heures de faiblesse et lui faisait se demander s'il ne voulait pas l'impossible. Admettons que quelqu'un soit persuadé qu'une centaine d'hommes productifs, élevés et agissant dans un esprit nouveau, suffiraient à donner le coup de grâce à l'intellectualisme aujourd'hui à la mode en Allemagne, combien sa conviction serait fortifiée s'il s'apercevait que la civilisation de la Renaissance s'élevait sur les épaules d'une pareille légion composée seulement d'une centaine d'hommes.

Et pourtant — que le même exemple nous apprenne quelque chose de nouveau — combien cette comparaison serait flottante et inexacte. Combien de choses passées, si ce retour en arrière doit avoir son effet fortifiant, devront être négligées! L'individualité d'autrefois devra être déformée et violemment généralisée, débarrassée de ses aspérités et de ses lignes précises, en faveur d'une concordance artificielle. Au fond, ce qui a été possible autrefois ne saurait se reproduire une seconde fois, à moins que les pythagoriciens n'aient raison de croire qu'une même constellation des corps célestes amènerait jusqu'aux plus petits détails les mêmes événements sur la terre, de sorte que, quand les étoiles occuperont la même position les unes par rapport aux autres, un stoïcien s'unira à un épicurien, César sera assassiné, et, de nouveau, dans d'autres conditions, on découvrira l'Amérique. Si la terre recommençait chaque fois son spectacle après la fin du cinquième acte, s'il était certain que le même enchaînement des motifs, le même *deus ex machina*, la même catastrophe se représentait à des intervalles déterminés, seulement alors l'homme puissant pourrait se réclamer de l'*histoire monumentale*, dans toute sa véridicité iconienne, en exigeant chaque fait selon sa particularité exactement décrite. Ce ne sera probablement pas le cas avant que les astronomes ne soient redevenus des astrologues. Jusque-là l'*histoire monumentale* ne pourra user de cette pleine véridicité, toujours elle rapprochera ce qui est inégal, elle généralisera pour rendre équivalent, toujours elle affaiblira la différence des mobiles et des motifs, pour présenter les événements, aux dépens des effets et des causes, sous leur aspect monumental, c'est-à-dire comme des monuments dignes d'être imités. Comme elle fait toujours abstraction des causes, on pourrait donc considérer l'histoire monumentale, sans trop exagérer, comme une collection d' « effets en soi », c'est-à-dire d'événements qui, en tous temps, pourront faire de l'effet.

Ce que l'on célèbre dans les fêtes populaires, aux anniversaires religieux ou militaires, c'est en somme un de ces « effets en soi ». C'est ce qui empêche les ambitieux de dormir, qui, pour les heureux entreprenants, est comme une amulette qu'ils portent sur leur cœur, mais ce n'est pas la véritable connexion historique de cause à effet qui, si elle était connue dans son ensemble, démontrerait seulement que jamais plus quelque chose d'absolument identique ne peut sortir du coup de dé de l'avenir et du hasard.

Tant que l'âme des études historiques résidera dans les grandes impulsions qu'un homme puissant peut recevoir d'elles, tant que le passé devra être décrit comme s'il était digne d'être imité, comme s'il était imitable et possible une seconde fois, ce passé courra le risque d'être déformé, enjolivé, détourné de sa signification et, par là-même, sa description ressemblera à de la poésie librement imaginée. Il y a même des époques qui ne sont pas capables de distinguer un passé monumental d'une fiction mythique, car les mêmes impulsions peuvent être empruntées à l'un comme à l'autre. Donc, quand la considération monumentale du passé domine les autres façons de considérer les choses, je veux dire les façons *antiquaire* et *critique*, le passé lui-même en pâtit. On oublie des périodes tout entières, on les méprise, on les laisse s'écouler comme un grand flot gris dont seuls émergent quelques faits semblables à des îlots parés. Les rares personnages qui deviennent visibles ont quelque chose d'artificiel et de merveilleux, quelque chose qui ressemble à cette hanche dorée que les disciples de Pythagore croyaient reconnaître chez leur maître. *L'histoire monumentale* trompe par les analogies. Par de séduisantes assimilations, elle pousse l'homme courageux à des entreprises téméraires, l'enthousiaste au fanatisme. Et si l'on imagine cette façon d'histoire entre les mains de génies égoïstes, de fanatiques malfaisants, des empires seront détruits, des princes assassinés, des guerres et des révolutions fomentées et le nombre de ces effets historiques « en soi », c'est-à-dire d'effets sans causes suffisantes, sera encore augmenté. Il suffit de ces indications pour faire souvenir des dommages que peut causer *l'histoire monumentale* parmi les hommes puissants et actifs, qu'ils soient bons ou mauvais. Combien plus néfastes sont encore ses effets quand les impuissants et les inactifs s'emparent d'elle et s'en servent.

Prenons l'exemple le plus simple et le plus fréquent. Qu'on imagine les natures anti-artistiques ou douées d'un faible tempérament artistique, armées et équipées d'idées empruntées à l'histoire monumentale de l'art. Contre qui ces natures dirigeront-elles leurs armes ? Contre leurs ennemis héréditaires : les tempéraments artistiques fortement doués, par conséquent contre ceux qui sont seuls capables d'apprendre quelque chose dans les événements historiques ainsi présentés, capables d'en tirer parti pour la vie et de transformer ce qu'ils ont appris en une pratique supérieure. C'est à ceux-là que l'on barre le chemin, à ceux-là que l'on obscurcit l'atmosphère, lorsque l'on se met à danser servilement et avec zèle autour d'un glorieux monument du passé, quel qu'il soit et sans l'avoir compris, comme si l'on voulait dire : « Voyez, ceci est l'art vrai et véritable. Que vous importent ceux qui sont encore prisonniers dans le devenir et dans le vouloir ! » Cette foule qui danse possède même, en apparence, le privilège du « bon goût », car toujours le créateur s'est trouvé en désavantage vis-à-vis de celui qui ne faisait que regarder sans mettre lui-même la main à la pâte, de même que, de tous temps, l'orateur de café paraissait plus sage, plus juste et plus réfléchi que l'homme d'Etat qui gouverne. Si l'on s'avise même de transporter sur le domaine de l'art l'usage du suffrage populaire et de la majorité du nombre, pour forcer en quelque sorte l'artiste à se défendre devant un forum d'esthétisants oisifs, on peut jurer d'avance qu'il sera condamné. Non point, comme on pourrait le croire, malgré le canon de l'art *monumental*, mais parce que ses juges ont proclamé solennellement ce canon (celui de l'art qui, d'après les explications données, a « fait de l'effet » de tous temps). Au contraire, pour l'art qui n'est pas encore *monumental*, c'est-à-dire pour celui qui est contemporain, il leur manque premièrement le besoin, en second lieu la vocation, en troisième lieu précisément l'autorité de l'histoire. Par contre, leur instinct leur apprend que l'on peut tuer l'art par l'art. A aucun prix, pour eux, le *monumental* ne doit se former à nouveau et ils se servent comme argument de ce qui tire du passé son autorité et son caractère *monumental*. De la sorte, ils apparaissent comme connaisseurs d'art, parce qu'ils voudraient supprimer l'art; ils se donnent des allures de médecins, tandis qu'au fond ils se comportent en empoisonneurs. Ainsi, ils développent leur sens et leur goût, pour expliquer, par leurs habitudes d'enfants gâtés, pourquoi ils rejettent avec tant d'insistance tout ce qui leur est offert en fait de véritable nourriture d'art. Car ils ne veulent pas que quelque chose de grand puisse se former. Leur moyen, c'est d'affirmer : « Voyez, ce qui est grand existe déjà ! » A vrai dire, cette chose grande qui existe déjà les regarde tout aussi peu que celle qui est en train de se former. Leur vie en témoigne. *L'histoire monumentale* est le travestissement que prend leur haine des grands et des puissants de leur temps, le travestissement qu'ils essaient de faire passer pour de l'admiration saturée des grands et des puissants d'autrefois. Ce masque leur permet de changer le véritable sens de cette conception de l'histoire en un sens absolument opposé. Qu'ils s'en rendent bien compte ou non, ils agissent en tous les cas comme si leur devise était : « Laissez les morts enterrer les vivants. »

Chacune des trois façons d'étudier l'histoire n'a de raison d'être que sur un seul terrain, sous un seul climat. Partout ailleurs ce n'est qu'ivraie envahissante et destructrice. Quand l'homme qui veut créer quelque chose de grand a besoin de prendre conseil du passé, il s'empare de celui-ci au moyen de l'*histoire monumentale;* quand, au contraire, il veut s'attarder à ce qui est convenu, à ce que la routine a admiré de tous temps, il s'occupe du passé en *historien antiquaire.* Celui-là seul que torture une angoisse du présent et qui, à tout prix, veut se débarrasser de son fardeau, celui-là seul ressent le besoin d'une *histoire critique*, c'est-à-dire d'une histoire qui juge et qui condamne. Bien des calamités viennent de ce que l'on transplante à la légère les organismes. Le critique sans angoisse ; l'antiquaire sans piété ; celui qui connaît le sublime sans pouvoir réaliser le sublime : voilà de ces plantes devenues étrangères à leur sol natif et qui à cause de cela ont dégénéré et tourné en ivraie.

3.

L'histoire appartient donc en second lieu à celui qui conserve et vénère, à celui qui, avec fidélité et amour, tourne les regards vers l'endroit d'où il vient, où il s'est formé. Par cette piété, il s'acquitte en quelque sorte d'une de : de reconnaissance qu'il a contractée envers sa ..opre vie. En cultivant d'une main délicate ce qui a existé de tout temps, il veut conserver les conditions sous lesquelles il est né, pour ceux qui viendront après lui, et c'est ainsi qu'il sert la vie. Le patrimoine des ancêtres, dans une âme semblable, reçoit une nouvelle interprétation de la propriété, car c'est maintenant lui le propriétaire. Ce qui est petit, restreint, vieilli, prêt à tomber en poussière, tient son caractère de dignité, d'intangibilité du fait que l'âme conservatrice et vénératrice de l'homme antiquaire s'y transporte et y élit domicile. L'histoire de sa ville devient pour lui l'histoire de lui-même. Le mur d'enceinte, la porte avec sa vieille tour, les ordonnances municipales, les fêtes populaires, tout cela c'est pour lui une sorte de chronique illustrée de sa propre jeunesse et c'est dans tout cela qu'il se retrouve lui-même, qu'il retrouve sa force, son activité, sa joie, son jugement, sa folie et son inconduite. C'est là qu'il faisait bon vivre, se dit-il, car il fait bon vivre; ici nous allons nous laisser vivre, car nous sommes tenaces et on ne nous brisera pas en une nuit. Avec ce « nous », il regarde par delà la vie individuelle, périssable et singulière, et il se sent lui-même l'âme du foyer, de la race et de la cité. Il lui arrive aussi parfois de saluer, par-dessus les siècles obscurcis et confus, l'esprit de son peuple, comme s'il était son propre esprit. Sentir et pressentir à travers les choses; suivre des traces presque effacées; instinctivement lire bien le passé, quel que soit le degré où les caractères sont recouverts par d'autres caractères, comprendre les palimpsestes et même les polypsestes — voilà ses dons, voilà ses vertus. Gœthe les possédait lorsqu'il se trouvait devant le monument d'Ervin de Steinbach (1). L'impétuosité de son sentiment déchira le voile de la nuée historique qui le séparait du passé. Il contempla de nouveau pour la première fois l'œuvre allemande, « agissant par une forte et rude âme allemande ». Un sens semblable guida les Italiens de la Renaissance et éveilla derechef chez eux le génie antique de l'Italie, « résonnance merveilleuse de l'éternel jeu des accords », comme dit Jacob Burckhardt. Mais ce sens de la vénération historique et antiquaire atteint sa valeur suprême, lorsqu'il étend sur les conditions modestes, rudes et même précaires, où s'écoule la vie d'un homme ou d'un peuple, un sentiment touchant de joie et de satisfaction. Niebuhr, par exemple, avoue, avec une honnête candeur qu'il peut vivre heureux et sans regretter l'art dans les marécages et les landes, au milieu de paysans libres qui ont une histoire. Comment l'histoire pourrait-elle mieux servir la vie qu'en attachant à leur patrie et aux coutumes de leur patrie les races et les peuples

(1) La cathédrale de Strasbourg. — N. d. T.

moins favorisés, en leur donnant des goûts sédentaires, ce qui les empêche de chercher mieux à l'étranger, de rivaliser dans la lutte pour parvenir à ce mieux? Parfois cela paraît être de l'entêtement et de la déraison qui visse en quelque sorte l'individu à tels compagnons et à tel entourage, à telles habitudes laborieuses, à tel stérile coteau. Mais c'est la déraison la plus salutaire, celle qui profite le plus à la collectivité. Chacun le sait, qui s'est rendu compte des terribles effets de l'esprit d'aventure, de la fièvre d'émigration, quand ils s'emparent de peuplades entières, chacun le sait, qui a vu de près un peuple ayant perdu la fidélité à son passé, abandonné à une chasse fiévreuse de la nouveauté, à une recherche perpétuelle des éléments étrangers. Le sentiment contraire, le plaisir que l'arbre prend à ses racines, le bonheur que l'on éprouve à ne pas se sentir né de l'arbitraire et du hasard, mais sorti d'un passé — héritier, floraison, fruit — ce qui excuserait et justifierait même l'existence : c'est là ce que l'on appelle aujourd'hui, avec une certaine prédilection, le sens historique.

Il est vrai que cette condition n'est pas celle où l'homme serait le mieux doué pour réduire le passé en science pure, de sorte que nous percevons aussi ici ce que nous avons déjà remarqué en étudiant l'*histoire monumentale*, à savoir que le passé lui-même pâtit, tant que les études historiques sont au service de la vie et dominées par des instincts vitaux. Pour nous servir d'une image un peu audacieuse, nous dirions que l'arbre *sent* ses racines plutôt qu'il ne les voit, mais que ce sentiment sait évaluer la dimension des racines, d'après la dimension et la force des branches qui sont visibles. Et si, dans cette évaluation, l'arbre peut se tromper, combien plus il se trompera, s'il veut juger de la forêt tout entière qui l'entoure, de cette forêt qu'il ne connaît et sent que pour autant qu'elle l'entrave où le fait avancer — et non point autrement. Le sens *antiquaire* d'un homme, d'une cité, d'un peuple tout entier est toujours limité à un horizon très restreint. Il ne saurait percevoir les généralités et le peu qu'il voit lui apparaît de trop près et d'une façon isolée. Il est incapable de s'en tenir aux mesures et à cause de cela il accorde à tout une égale importance et à chaque détail une importance trop grande. Alors, pour les choses du passé, les différences de valeur et les proportions n'existent plus, qui sauraient rendre justice aux choses, les unes par rapport aux autres; les mesures et les évaluations des choses ne se font plus que par rapport à l'individu ou au peuple qui veut regarder en arrière, au point de vue *antiquaire*.

Il y a toujours un danger qui est tout près. Tout ce qui est ancien, tout ce qui appartient au passé et que l'horizon peut embrasser, finit par être considéré comme également vénérable; pa contre, tout ce qui ne reconnaît pas le caractère ..nérable de toutes ces choses d'autrefois, donc tout ce qui est nouveau, tout ce qui est dans son devenir, est rejeté et combattu. Ainsi les Grecs eux-mêmes tolérèrent le style hiératique de leurs arts plastiques à côté du style libre et grand, et, plus tard, ils n'acceptèrent pas seulement le nez pointu et le sourire glacial, ils en firent même une friandise. Quand le sens d'un peuple s'endurcit tellement, quand l'histoire sert la vie passée au point qu'elle mine la vie présente et surtout la vie supérieure, quand le sens historique ne conserve plus la vie, mais qu'il la momifie, c'est alors que l'arbre se meurt, et il se meurt d'une façon qui n'est pas naturelle, en commençant par les branches pour descendre jusqu'à la racine, en sorte que la racine finit elle-même par périr. Il en est de même de l'*histoire antiquaire* qui dégénère elle aussi, du moment que l'air vivifiant du présent ne l'anime et ne l'inspire plus. Dès lors la piété dessèche, l'habitude pédante acquise se prolonge et tourne, pleine d'égoïsme et de suffisance, dans le même cercle. On assiste alors au spectacle répugnant d'une aveugle soif de collection, d'une accumulation infatigable de tous les vestiges d'autrefois. L'homme s'enveloppe d'une atmosphère de vétusté; il parvient même à avilir des dons supérieurs, de nobles aspirations, par la manie de l'antiquaille, jusqu'à une insatiable curiosité aussi vaine que mesquine. Parfois, il tombe si bas qu'il finit par être satisfait de n'importe quelle cuisine et qu'il se nourrit même avec joie de la poussière des bagatelles bibliographiques.

Mais lors même que cette dégénérescence ne se produirait pas, lors même que l'*histoire antiquaire* ne perdrait pas le terrain où seul elle peut fructifier, les dangers n'en resteraient pas moins assez nombreux, car on est toujours exposé à voir prédominer l'histoire antiquaire et étouffer les autres façons de considérer le passé. Cependant l'histoire antiquaire ne s'entend qu'à *conserver* la vie et non point à en engendrer de nouvelle. C'est pourquoi elle fait toujours trop peu de cas de ce qui est dans son devenir, parce que l'instinct divinatoire lui fait défaut, cet instinct divinatoire que possède par exemple l'*histoire monumentale*. Ainsi l'histoire antiquaire empêche la robuste décision en faveur de ce qui est nouveau, ainsi elle paralyse l'homme d'action qui, étant homme d'action, blessera toujours et blessera forcément une piété quelconque. Le fait que quelque chose est devenu vieux engendre maintenant le désir de le savoir immortel; car si l'on veut considérer ce qui, durant une vie humaine, a pris un caractère d'antiquité : une vieille coutume des pères, une croyance religieuse, un privilège politique héréditaire — si l'on considère quelle somme de piété de la part de l'individu et des générations a su s'imposer, il peut paraître téméraire et même scélérat de vouloir remplacer une telle antiquité par une nouveauté et d'opposer à l'accumulation des choses vénérables les unités du devenir et de l'actualité.

Ici, apparaît distinctement combien il est nécessaire à l'homme d'ajouter aux deux manières de considérer le passé, la *monumentale* et l'*antiquaire*, une troisième manière, la *critique* et de mettre celle-là, elle aussi, au service de la vie. Pour pouvoir vivre l'homme doit posséder la force de briser un passé et de l'anéantir et il faut qu'il emploie cette force de temps en temps. Il y parvient en traînant le passé devant la justice, en instruisant sévèrement contre lui et en le condamnant enfin. Or, tout passé est digne d'être condamné; car il en est ainsi des choses humaines : toujours la force et la faiblesse humaines y ont été puissantes. Ce n'est pas la justice qui juge ici; c'est encore moins la grâce qui prononce le jugement. C'est la vie, la vie seule, cette puissance obscure qui pousse et qui est insatiable à se désirer elle-même. Son arrêt est toujours rigoureux, toujours injuste, parce qu'il n'a jamais son origine dans la source pure de la connaissance; mais, dans la plupart des cas, la sentence serait la même si la justice en personne la prononçait. « Car tout ce qui naît est digne de disparaître. C'est pourquoi il vaudrait mieux que rien ne naquît. » Il faut beaucoup de force pour pouvoir vivre et oublier à la fois combien vivre et être injuste sont tout un. Luther lui-même a affirmé une fois que le monde n'était né que d'un oubli de Dieu. Car si Dieu avait pensé aux « arguments de gros calibre » il n'aurait pas créé le monde. Il arrive pourtant parfois que cette même vie qui a besoin de l'oubli exige la destruction momentanée de cet oubli. Il s'agit alors de se rendre compte combien injuste est l'existence d'une chose, par exemple d'un privilège, d'une caste, d'une dynastie, de se rendre compte à quel point cette chose mérite de disparaître. Et l'on considère le passé de cette chose sous l'angle critique, on attaque ses racines au couteau, on passe impitoyablement sur toutes les vénérations. C'est là toujours un processus dangereux, je veux dire dangereux pour la vie. Les hommes et les époques qui servent la vie, en jugeant et en détruisant le passé, sont toujours à la fois dangereux et en danger. Car, dès lors que nous sommes les aboutissants de générations antérieures, nous sommes aussi les résultats des erreurs de ces générations, de leurs passions, de leurs égarements et même de leurs crimes. Il n'est pas possible de se dégager complètement de cette chaîne. Si nous condamnons ces égarements, estimant que nous en sommes débarrassés, le fait que nous en tirons nos origines n'est pas supprimé. Au meilleur cas, nous parvenons à un conflit entre notre nature transmise et laissée en héritage et notre connaissance ; peut-être aussi à la lutte d'une nouvelle discipline sévère contre ce qui est acquis par l'hérédité et l'éducation dès l'âge le plus tendre ;

nous implantons en nous une nouvelle habitude, un nouvel instinct, une seconde nature, en sorte que la première nature dessèche et tombe. C'est un effort pour s'attribuer, en quelque sorte *a posteriori*, un passé d'où l'on aimerait bien tirer son origine, en opposition avec celui d'où l'on descend véritablement. Or cette tentative est toujours dangereuse, parce qu'il est difficile de fixer une limite à la négation du passé et parce que la seconde nature est la plupart du temps plus faible que la première. On s'en tient le plus souvent à reconnaître le bien sans le faire, parce que l'on connaît aussi ce qui est meilleur, sans être capable de le faire. Mais, de ci de là, on l'emporte malgré tout et il y a même pour ceux qui luttent, pour ceux qui se servent de l'histoire critique en vue de la vie, une consolation singulière : savoir que cette première nature fut, elle aussi, jadis, une seconde nature et que toute seconde nature victorieuse devient une première nature. —

4.

Voilà les services que les études historiques peuvent rendre à la vie. Chaque homme, chaque peuple, selon ses fins, ses forces et ses nécessités, a besoin d'une certaine connaissance du passé, tantôt sous forme d'*histoire monumentale*, tantôt sous forme d'*histoire antiquaire*, tantôt sous forme d'*histoire critique*, mais non point comme en aurait besoin une troupe de purs penseurs qui ne fait que regarder la vie, non comme des individus avides de savoir et que seul le savoir peut satisfaire, pour qui l'augmentation de la connaissance est le but même de tous les efforts, mais toujours en vue de la vie, par conséquent aussi sous la domination, sous la conduite suprême de cette vie même. C'est là le rapport naturel d'une époque, d'une civilisation, d'un peuple avec l'histoire, — rapport provoqué par la faim, régularisé par la mesure des besoins, contenu par la force plastique inhérente. La connaissance du passé, dans tous les temps, n'est souhaitable que lorsqu'elle est au service du passé et du présent, et non point quand elle affaiblit le présent, quand elle déracine les germes vivaces de l'avenir. Tout cela est simple, simple comme la vérité, et celui-là même en est persuadé qui n'a pas besoin qu'on lui en fasse la démonstration historique.

Qu'on nous permette de jeter un coup d'œil rapide sur notre temps! Nous sommes effrayés, nous reculons. Qu'est devenue toute la clarté, tout le naturel, toute la pureté dans ce rapport entre la vie et l'histoire ? Le problème s'agite maintenant à nos yeux dans tout son désordre, son exagération, son trouble. La faute en est-elle à nous, les contemplateurs ? Ou bien la constellation de la vie et de l'histoire s'est-elle véritablement transformée, par le fait qu'un astre puissant et ennemi s'est introduit dans cette constellation? Que d'autres montrent que nous avons mal vu, nous voulons dire ce que nous croyons voir. En effet, un astre nouveau s'est introduit. La constellation s'est véritablement transformée, et cela *par la science, par la prétention de faire de l'histoire une science*. Dès lors ce n'est plus seulement la vie qui domine et qui dompte la connaissance et le passé. Toutes les bornes sont arrachées et tout ce qui a existé autrefois se précipite sur l'homme. Les perspectives se déplacent jusque dans la nuit des temps, jusqu'à l'infini, aussi loin qu'il y eut un devenir. Nulle génération ne vit encore un pareil spectacle, spectacle impossible à dominer du regard, comme celui que montre aujourd'hui la science du devenir universel : l'histoire. Il est vrai qu'elle le montre avec la dangereuse audace de sa devise : *fiat veritas, pereat vita.*

Imaginons maintenant le phénomène intellectuel qui naît de la sorte dans l'âme de l'homme moderne. La connaissance historique jaillit, toujours à nouveau, de sources inépuisables; les choses étrangères et disparates se pressent les unes à côté des autres; la mémoire ouvre toutes ses portes et n'est pourtant pas assez ouverte; la nature fait un effort extrême pour recevoir ces hôtes étrangers, pour les coordonner et les honorer; mais eux-mêmes sont en lutte les uns avec les autres, et il paraît nécessaire de les dompter et de les dominer tous, pour ne pas périr dans la lutte à laquelle ils se livrent.

L'habitude d'un train de maison aussi désordonné, agité à ce point et sans cesse en lutte, devient peu à peu une seconde nature, bien qu'il soit indiscutable que cette seconde nature est beaucoup plus faible, beaucoup plus inquiète et malsaine de part en part que la première. L'homme moderne, en fin de compte, traîne avec lui une énorme masse de cailloux, les cailloux de l'indigeste savoir qui, à l'occasion, font entendre dans son ventre un bruit sourd, comme il est dit dans la fable. Ce bruit laisse deviner la qualité la plus originale de l'homme moderne : c'est une singulière antinomie entre un être intime à quoi ne correspond pas un être extérieur, et *vice versa*. Cette antinomie, les peuples anciens ne la connaissaient pas.

Le savoir, absorbé immodérément et sans qu'on y soit poussé par la faim, absorbé même à l'encontre du besoin, n'agit plus dès lors comme motif transformateur, poussant à l'extérieur, mais demeure caché dans une sorte de monde intérieur, chaotique, qu'avec une singulière fierté, l'homme moderne appelle l'« intimité » qui lui est particulière. Il vous arrive alors parfois de dire que l'on possède bien le sujet, mais que c'est seulement la forme qui fait défaut. Mais, pour tout ce qui est vivant, c'est là une opposition incongrue. Notre culture moderne n'est pas une chose vivante parce que, sans cette opposition, elle est inconcevable. Ce qui équivaut à dire qu'elle n'est point du tout une véritable culture, mais seulement une sorte de connaissance de la culture; elle s'en tient à l'idée de la culture, au sentiment de la culture, sans qu'il y ait la conviction de la culture. Par contre, ce qui apparaît véritablement comme motif, ce qui, sous forme d'action, se manifeste visiblement au dehors, ne signifie souvent pas beaucoup plus qu'une convention quelconque, une piteuse imitation, une vulgaire grimace. L'être intime éprouve peut-être alors cette sensation du serpent qui a dévoré des lapins entiers et qui, s'étalant au soleil avec tranquillité, évite tous les mouvements qui ne sont pas d'une nécessité absolue. Le processus intérieur devient dès lors la chose elle-même, la « culture » proprement dite. Tous ceux qui passent à côté ne souhaitent qu'une seule chose, c'est qu'une pareille culture ne périsse pas d'une indigestion. Qu'on imagine par exemple un Grec apercevant cette façon de culture, il se rendrait compte que pour les hommes modernes « cultivé » et « culture historique » semblent ne faire qu'un et qu'il n'y aurait entre eux que la différence créée par le nombre de mots. S'il s'avisait alors d'exprimer sa pensée, à savoir que quelqu'un peut être cultivé et manquer totalement de culture historique, on croirait avoir mal entendu et l'on secouerait la tête.

Ce petit peuple connu qui appartenait à un passé point trop éloigné de nous — je veux parler des Grecs — a su se conserver âprement, dans sa période de la plus grande force, un sens non-historique. Si, par l'effet d'une baguette magique, un homme actuel revenait à cette époque, il est probable qu'il trouverait les Grecs très « incultes » ; par quoi, il est vrai, se révélerait, à la risée générale, le secret si bien gardé de la culture moderne. Car, par nous-mêmes, nous autres modernes, nous ne possédons rien du tout. Ce n'est qu'en nous remplissant à l'excès des époques étrangères, de mœurs, d'arts, de philosophies, de religions, de connaissances qui ne sont pas les nôtres, que nous devenons quelque chose qui mérite l'attention, c'est-à-dire des encyclopédies ambulantes, car c'est ainsi que nous apostropherait peut-être un vieil Hellène échoué dans notre temps. Or, toute valeur d'une encyclopédie réside dans ce qui y est contenu, et non point dans ce qui est écrit sur la couverture, dans ce qui en est l'enveloppe, la reliure. Ainsi toute la culture moderne est essentiellement intérieure. Extérieurement le relieur a imprimé quelque chose dans ce genre : « Manuel de culture intérieure pour des barbares extérieurs. » Cette antinomie entre l'intérieur et l'extérieur rend l'extérieur encore plus barbare qu'il le serait s'il s'agissait d'un peuple grossier qui, selon sa nature intime, tendrait à satisfaire ses rudes besoins. Car de quels moyens dispose encore la nature humaine pour se rendre maîtresse de ce qui s'impose à elle en abondance ? De ce seul moyen qui consiste à l'accepter aussi facilement que possible pour, ensuite, le mettre de côté et l'expulser de nouveau aussi vite que possible. De là naît l'habitude de ne plus prendre au sérieux les choses véritables, de là naît la « faible personnalité », en raison de quoi ce qui est réel, ce qui existe ne fait plus qu'une mince impression. Pour les choses de l'extérieur on devient, en fin de compte, toujours plus indulgent, toujours plus paresseux et l'on augmente, jusqu'à l'insensibilité à l'égard de la barbarie, le dangereux abîme qui sépare le contenu de la forme, pourvu que la mémoire soit excitée toujours à nouveau, pourvu qu'affluent sans cesse les choses nouvelles, dignes d'être sues, les choses que l'on peut ranger avec soin dans les casiers de cette mémoire.

La civilisation d'un peuple, en opposition avec cette barbarie, a une fois été définie, avec raison me semble-t-il, comme l'unité du style artistique dans toutes les manifestations vitales d'un peuple (1). Cette définition ne doit pas être mal interprétée, comme s'il s'agissait de l'opposition entre la barbarie et le *beau style*. Le peuple auquel on attribue une civilisation doit être, en toute réalité, quelque chose de vivant et de coordonné. Il ne doit point diviser misérablement sa culture en intérieure et extérieure, contenu et forme. Que celui qui veut atteindre et encourager la civilisation d'un peuple, atteigne et encourage cette unité supé-

(1) *Considérations inactuelles, David Strauss*, page 13.

rieure et travaille à la destruction de cette culture cahotique moderne, en faveur d'une véritable culture. Qu'il ose réfléchir à la façon de rétablir la santé d'un peuple entamée par les études historiques, à la façon de retrouver son instinct, et par là son honnêteté.

Je veux parler sans façon de nous autres Allemands d'aujourd'hui, qui souffrons plus que tout autre peuple de cette faiblesse de la personnalité, de cette contradiction entre le contenu et la forme. La forme nous apparaît communément comme une convention, comme un travestissement et une dissimulation, et c'est pourquoi, si on ne la hait point, elle n'est en tous les cas pas aimée. Il serait plus exact encore de dire que nous avons une crainte extraordinaire du mot convention et aussi de cette chose qui s'appelle la convention. C'est cette crainte qui a poussé l'Allemand à quitter l'école des Français, car il voulait devenir plus naturel et, par là, plus allemand. Or, avec ce « par là », il semble bien avoir fait un mauvais calcul. Echappé de l'école de la convention il se laissa dès lors aller où bon lui semblait, selon que l'envie le poussait, et, au fond, il n'en continuait pas moins d'imiter, avec négligence et au hasard, dans un demi-oubli, ce que jadis il avait imité scrupuleusement et souvent avec bonheur.

C'est ainsi que, par rapport aux temps d'autrefois, on vit aujourd'hui encore selon une convention française, mais cette convention est devenue négligente et incorrecte, ainsi que le démontrent nos moindres gestes : que nous marchions, que nous nous arrêtions ou que nous causions; ainsi que le démontre notre façon de nous vêtir et de nous loger. En s'imaginant prendre un essor vers le naturel, on se contenta d'avoir recours au laisser-aller, à la paresse, au plus petit effort de domination de soi. Parcourez une ville allemande! Toute convention, si on la compare à l'originalité nationale des villes étrangères, s'affirme par son côté négatif. Tout est incolore, usé, mal copié, négligé; chacun agit à sa guise, non point conformément à une volonté forte et féconde par les idées qui s'expriment, mais selon les lois que prescrivaient d'une part la hâte générale et d'autre part la nonchalance universelle. Un vêtement dont l'invention n'est pas un casse-tête, qui peut être endossé sans perte de temps, c'est-à-dire un vêtement emprunté à l'étranger et imité avec autant de négligence que possible, voilà ce que les Allemands s'empressent d'appeler une contribution au costume germanique. Ils repoussent, véritablement avec ironie, le sens de la forme, — car ils possèdent *le sens du contenu*. Ne sont-ils pas le peuple fameux par son intimité ?

Or, cette intimité court encore un danger fameux. Le « contenu » dont il est entendu qu'il ne peut pas être vu du dehors pourrait, à l'occasion, se volatiliser. Au dehors on ne s'en apercevrait pas, ni même que ce contenu n'a jamais existé. Quoi qu'il en soit, ce danger, imaginons que le peuple allemand est loin de le courir. L'étranger aura néanmoins raison jusqu'à un certain point quand il nous reprochera que notre être intime est trop faible et trop désordonné pour agir au dehors et se donner une forme. Il se peut avec cela que cet être intime possède un rare degré de sensibilité, qu'il se montre sérieux, puissant, intense, bon et peut-être plus riche que l'être intime des autres peuples. Dans son ensemble il demeure néanmoins faible, parce que toutes ces fibres admirables ne se joignent pas en un nœud puissant. De la sorte l'action visible ne répond pas à une action d'ensemble qui serait la révélation spontanée de cet être intime, elle n'est, au contraire, que l'essai timide ou grossier d'une fibre quelconque qui veut se donner l'apparence de la généralité. C'est pourquoi il n'est pas possible de juger l'Allemand d'après une action isolée et, même après avoir été vu à l'œuvre, en tant qu'individu, il reste encore mystérieux. On n'ignore pas que c'est par ses sentiments et ses idées que l'Allemand donne sa mesure. Ses sentiments et ses idées il les exprime dans ses livres. Hélas ! dans ces derniers temps, les livres des Allemands permettent plus que jamais d'émettre des doutes au sujet de ce fameux « être intime » et l'on se demande si celui-ci niche toujours dans son petit temple inaccessible. Ce serait épouvantable de songer qu'il pourrait disparaître un jour et qu'il ne resterait que l'extérieur, cet extérieur arrogant, lourd et humblement paresseux, qui serait alors le signe distinctif de l'Allemand. Epouvantable, presque autant que si cet être intime, sans qu'on s'en aperçoive, était faussé, maquillé, truqué, transformé en comédien, en pis encore. Grillparzer, qui se tint à l'écart, livré à ses observations discrètes, semble, par exemple, croire qu'il en est ainsi d'après ses expériences pratiques, sur le domaine dramatique et théâtral. « Nous sentons avec des abstractions, dit-il, nous sommes à peine encore capables de savoir comment les sentiments s'expriment chez nos contemporains; nous leur faisons faire des soubresauts qu'ils n'ont plus coutume de faire aujourd'hui. Shakespeare nous a tous corrompus, nous autres modernes. »

C'est là un cas particulier généralisé avec trop de promptitude. Mais combien terrible serait cette généralisation, justifiée si les cas particuliers s'imposaient trop souvent à l'observateur ! Quelle désespérance dans cette phrase : nous autres Allemands nous sentons par abstractions; nous sommes tous corrompus par les études historiques. Une affirmation qui détruirait dans ses racines tout espoir en la venue prochaine d'une culture nationale. Car tout espoir de cet ordre naît de la foi en la sincérité et le caractère immédiat du sentiment allemand, de la foi en une nature intime encore intacte. Que peut-on encore espérer, que peut-on encore croire, quand la source de la foi et de l'espoir est troublée, quand l'être intime a appris à faire des soubresauts, à esquisser des pas de danse, à se farder, à s'exprimer par des abstractions et des calculs, pour finir par se perdre soi-même peu à peu ? Et comment un grand esprit productif pourrait-il encore vivre au milieu d'un peuple qui n'est plus sûr de l'unité de son être intime et qui se divise en hommes cultivés avec un être intime déformé et corrompu et en hommes incultes avec un être intime inaccessible ? Comment saurait-il tenir bon, quand l'unité du sentiment populaire est perdue, quand, de plus, il sait que chez l'une des parties, celle qui s'appelle la partie instruite du peuple et qui possède un droit à accaparer les génies nationaux, le sentiment est faussé et artificiellement colorié ? Que le jugement et le goût soient devenus çà et là plus fins et plus subtils, ce n'est pas pour l'individu une compensation. Il souffre d'être forcé de parler, en quelque sorte, à une secte, et de ne plus être indispensable au milieu de son peuple. Peut-être lui arrivera-t-il maintenant de préférer enfouir son trésor, parce qu'il est dégoûté de se voir prétentieusement patronné par une secte, tandis que son cœur est rempli de pitié pour tous. L'instinct du peuple ne vient plus au devant de lui ; il est inutile de lui tendre les bras avec impatience.

Que reste-il alors au grand homme, si ce n'est de tourner sa haine enthousiaste contre ces entraves, contre les obstacles qui se dressent au milieu d'une prétendue éducation du peuple, pour condamner du moins, en tant que juge, ce qui, pour lui, le vivant, l'animateur, n'est que destruction et avilissement ? C'est ainsi qu'il abandonne la joie divine du créateur, de celui qui aide, pour rester accablé sous la profonde compréhension de sa destinée. Et il finit le cours de sa vie en initié solitaire, en sage rassasié. C'est là le spectacle le plus douloureux qu'on puisse voir ! Celui qui possède le don de l'observer reconnaîtra le devoir sacré qui s'impose. Il se dira qu'il faut trouver un moyen de rétablir cette unité supérieure dans la nature et l'âme d'un peuple. Cette scission entre l'être intime et l'extérieur, il faut qu'elle disparaisse sous les coups de marteau de la détresse. A quels moyens devra-t-il recourir ? Sa profonde compréhension, voilà tout ce qui lui reste. Il faut donc qu'il exprime ce qu'il a compris, qu'il le développe, qu'il le répande à pleines mains, et ainsi il créera un besoin. Ce besoin violent produira un jour l'action vigoureuse. Et pour ne laisser aucun doute sur la façon dont j'entends cette détresse, cette nécessité, cette compréhension, je veux affirmer ici expressément que c'est l'*unité allemande* dans ce sens supérieur que nous aspirons à atteindre, avec plus d'ardeur que l'unité politique, *l'unité de l'esprit allemand et de la vie allemande, après l'anéantissement des contrastes entre la forme et le contenu, l'être intime et la convention.* —

5.

Cette sursaturation d'une époque par l'histoire sera hostile à la vie et lui sera dangereuse, de cinq manières. L'excès des études historiques engendre le contraste analysé plus haut entre l'être intime et le monde extérieur, et affaiblit ainsi la personnalité. L'excès des études historiques fait naître dans une époque l'illusion qu'elle possède cette vertu la plus rare, la justice, plus que toute autre époque. L'excès des études historiques trouble les instincts du peuple et empêche l'individu aussi bien que la totalité d'atteindre la maturité. L'excès des études historiques implante la croyance toujours nuisible à la caducité de l'espèce humaine, l'idée que nous sommes des êtres tardifs, des épigones. L'excès des études historiques développe dans une époque un état d'esprit dangereux, le scepticisme, et cet état d'esprit plus dangereux encore, le cynisme; et ainsi l'époque s'achemine toujours plus vers une pratique sage et égoïste qui finit par paralyser la force vitale et la détruire.

Revenons cependant à notre première affirmation : l'homme moderne souffre d'un affaiblissement de sa personnalité. De même que le Romain de l'époque impériale devint anti-romain, en regard de l'univers qui était à son service, de même qu'il se perdit dans le flot envahissant des choses étrangères, dégénérant au milieu d'un carnaval cosmopolite de divinités, de mœurs et d'arts, de même il en adviendra de l'homme moderne qui, par ses maîtres dans l'art de l'histoire, se fait offrir sans cesse le spectacle d'une Exposition universelle. Il est devenu le spectateur jouissant et errant, transporté dans des conditions que de grandes guerres ou de grandes révolutions sauraient à peine changer durant un instant. Une guerre n'est pas terminée que déjà elle est transformée en papier imprimé, multipliée à cent mille exemplaires, et présentée comme nouveau stimulant au gosier fatigué de l'homme avide d'histoire. Il paraît presque impossible qu'une note pleine et forte puisse être produite, lors même que l'on ferait jouer toutes les cordes, car aussitôt les sons s'altèrent, pour prendre une fluidité historique, un accent tendre et sans force. Si je voulais m'exprimer au point de vue moral, je dirais que vous ne réussissez plus à fixer le sublime, vos actions sont des coups brusques, elles n'ont pas le roulement du tonnerre. Accomplissez ce qu'il y a de plus grand et de plus sublime, vos actions disparaîtront sans laisser de trace. Car l'art s'enfuit quand les actes s'abritent sans trêve sous la tente des études historiques. Celui qui veut comprendre, calculer, interpréter au moment où son émotion devrait saisir l'incompréhensible comme quelque chose de sublime, celui-là sera peut-être appelé raisonnable, mais seulement au sens où Schiller parle de la raison des gens raisonnables. Il ne voit pas certaines choses que l'enfant est capable de voir, il n'entend pas certaines choses que l'enfant est capable d'entendre. Et ces choses sont précisément les plus importantes. Parce qu'il ne les comprend pas, son entendement est plus enfantin que celui de l'enfant et plus niais que la niaiserie même — malgré tous les plis de la ruse que prend son visage parcheminé et l'habileté de virtuose que ses doigts possèdent à démêler ce qu'il y a de plus enchevêtré. Cela vient de ce qu'il a détruit et perdu son instinct. Dès lors il ne peut plus se confier à cet « animal divin » et lâcher la bride quand son intelligence chavire et que la route traverse le désert. C'est ainsi que l'individu devient incertain et hésitant et ne peut plus avoir foi en son jugement. Il s'affaisse sur lui-même, il se plie sur son être intime, c'est-à-dire qu'il se plaît à contempler le chaos accumulé de tout ce qu'il a appris et qui ne saurait agir au dehors, de l'instruction qui ne saurait devenir de la vie. Si l'on s'en tient à l'extérieur, on s'aperçoit que la suppression des instincts par les études historiques a fait des hommes des abstractions pures et des ombres. Personne n'ose plus mettre sa propre individualité en avant, il prend le masque de l'homme cultivé, du savant, du poète, du politicien. Si l'on s'avise d'attaquer de pareils hommes, avec l'illusion qu'ils prennent les choses au sérieux et qu'il ne s'agit pas pour eux d'un jeu de marionnettes — attendu qu'ils font tous parade de sérieux — on s'aperçoit, au bout d'un moment, qu'on n'a plus entre les mains que des loques et des chiffons bariolés. C'est pourquoi il ne faut plus se laisser tromper, et leur enjoindre d'enlever leur déguisement ou d'être véritablement ce qu'ils paraissent être. L'homme d'esprit sérieux ne doit pas être forcé de faire le Don Quichotte, car il a mieux à faire que de se battre avec ces prétendues réalités. En tous les cas, chaque fois qu'il aperçoit le masque il doit jeter un coup d'œil perçant et crier gare. Qu'il arrache donc le masque ! Chose singulière ! On pourrait croire que l'histoire devrait encourager avant tout les hommes à être sincères, ne fût-ce même que d'une folie sincère. Et toujours il en a été ainsi, sauf actuellement ! La culture historique et le vêtement bourgeois règnent en même temps. Alors qu'il n'a jamais été parlé, avec autant d'assurance, de la « personnalité libre »,on s'aperçoit à peine qu'il y a des personalités et encore moins des personnalités libres, car partout on ne voit que des hommes universels craintivement masqués. L'individu s'est retiré dans l'intimité de l'être ; à l'extérieur on n'en aperçoit plus rien. Ce qui permet de douter qu'il puisse y avoir des causes sans effets. Ou bien, pour la garde du grand harem universel de l'histoire, une génération d'eunuques serait-elle nécessaire? Il est vrai qu'à ceux-là le visage de l'objectivité pure siérait à merveille. On pourrait presque croire qu'il existe une tâche qui consiste à garder l'histoire, afin que rien n'en pénètre au dehors que précisément des histoires, mais, à aucun prix, des événements, une tâche qui consiste à empêcher que, par l'histoire, les personnalités deviennent « libres », c'est-à-dire véridiques envers elles-mêmes, véridiques à l'égard des autres, en parole et en action. Grâce à cette véracité seulement la peine, la misère intérieure de l'homme moderne viendront au jour, et, en lieu et place de cette convention et de cette mascarade craintives et honteuses, pourront venir les véritables auxiliaires, l'art et la religion, qui, d'un commun accord, implanteront une culture correspondant à des besoins véritables, non point pareille à l'instruction générale actuelle, laquelle enseigne seulement à se mentir à soi-même au sujet de ces besoins et qui par là devient un véritable mensonge ambulant.

A une époque qui souffre des excès de l'instruction générale, dans quelle situation monstrueuse, artificielle et en tous les cas indigne d'elle-même, se trouve la plus véridique de toutes les sciences, cette divinité honnête et nue, la philosophie! Dans un pareil monde d'uniformité extérieure et forcée, elle reste le monologue savant du promeneur solitaire, proie du hasard chez l'individu, secret de cabinet ou bavardage puéril entre enfants et vieillards académiques. Personne n'ose réaliser par lui-même la loi de la philosophie, personne ne vit en philosophe, avec cette simple fidélité virile qui forçait un homme de l'antiquité, où qu'il fût, quoi qu'il fît, à se comporter en stoïcien, dès qu'il avait une fois juré fidélité à la Stoa. Toute philosophie moderne est politique ou policière, elle est réduite à une apparence savante par les gouvernements, les églises, les mœurs et les lâchetés des hommes. On s'en tient à un soupir de regret et à la connaissance du passé.

La philosophie, dans les limites de la culture historique, est dépourvue de droits, si elle veut être plus qu'un savoir, retenue par l'être intime, sans action au dehors. Si, d'une façon générale, l'homme moderne était seulement courageux et décidé, s'il n'était pas lui-même un être intérieur plein d'inimitiés et d'antinomies, il proscrirait la philosophie, il se contenterait de voiler pudiquement sa nudité. A vrai dire, on pense, on écrit, on imprime, on parle, on enseigne philosophiquement, — jusque-là tout est à peu près permis. Mais il en est autrement en action, dans ce que l'on appelle la vie réelle. Là une seule chose est permise et tout le reste est simplement impossible : ainsi le veut la culture historique. Ceux-là sont-ils encore des hommes ? se demandera-t-on alors, ou peut-être simplement des machines à penser, à écrire, à parler?

Gœthe disait un jour au sujet de Shakespeare : « Personne n'a méprisé le costume matériel autant que lui. Il connaît fort bien le costume intérieur des hommes, et, en cela, tous se ressemblent. On dit qu'il a parfaitement représenté les Romains. Ce n'est pas mon avis. Ses personnages incarnent tous de véritables Anglais. Il est vrai que ce sont aussi des hommes, foncièrement des hommes, et la toge romaine leur sied à merveille. » Or, je me demande s'il serait possible de présenter nos littérateurs, nos hommes du peuple, nos fonctionnaires, nos politiciens d'aujourd'hui sous le costume romain. Je ne le crois pas, car ce ne sont point là des hommes, mais des manuels en chair et en os et, en quelque sorte, des abstractions concrètes. Si par hasard ils avaient du caractère et une originalité propre, tout cela est si profond qu'il n'y a pas moyen de le tirer au jour. Et pour le cas où ils seraient véritablement des hommes, ce serait seulement pour ceux qui « sondent les cœurs ». A nos yeux, ils sont autre chose, non point des hommes, non point des dieux, non point des bêtes, mais des organismes de formation historique, produits de l'éducation, images et formes sans contenu démontrable, et malheureusement formes défectueuses, et de plus *uniformes*. Et c'est ainsi qu'il faut comprendre et considérer mon affirmation : *l'histoire ne peut être supportée que par les fortes personnalités; pour les personnalités faibles, elle achève de les effacer.*

Cela tient à ce que l'histoire brouille le sentiment et la sensibilité, dès que ceux-ci ne sont pas assez vigoureux pour évaluer le passé à leur mesure. Celui qui n'ose pas avoir confiance en lui-même et qui, involontairement, pour fixer son sentiment, demande conseil à l'histoire — « comment dois-je ressentir? » — celui-là, par crainte, finit par devenir comédien. Il joue un rôle, la plupart du temps même plusieurs rôles, et c'est pourquoi il les joue tous si mal et avec tant de banalité. Peu à peu disparaît toute congruence entre l'homme et son domaine historique. Nous voyons des petits êtres pleins de suffisance s'en prendre aux Romains comme s'ils étaient leurs semblables. Ils fouillent dans les résidus des poètes romains, comme s'ils avaient devant eux des cadavres prêts à la dissection, comme s'il s'agissait d'êtres vils, tels qu'ils le sont peut-être eux-mêmes. Admettons que l'un d'eux s'occupe de Démocrite. J'ai toujours envie de me demander pourquoi donc Démocrite? Pourquoi pas Héraclite? Ou Philon? Ou Bacon? Ou Descartes et ainsi de suite? Et encore, pourquoi précisément un philosophe? Pourquoi pas un poète? un orateur? Et enfin : pourquoi donc un Grec? pourquoi pas un Anglais? un Turc? Le passé n'est-il pas assez vaste pour que vous y trouviez quelque chose qui ne vous fasse pas paraître ridiculement quelconque? Mais, il faut le répéter, c'est là une génération d'eunuques. Car, pour l'eunuque, une femme est pareille à l'autre, une femme n'est qu'une femme, la femme en soi, l'éternelle inaccessible. Dès lors, il est indifférent de savoir ce que vous faites, pourvu que l'histoire soit conservée bien « objectivement », c'est-à-dire par ceux qui ne sont jamais capables de faire eux-mêmes de l'histoire. Et, comme l'éternel féminin ne vous attire jamais à lui, vous l'abaissez jusqu'à vous et, étant vous-même des « neutres », vous considérez aussi l'histoire comme quelque chose de neutre.

Il ne faudrait pas croire cependant que je veuille comparer sérieusement l'histoire à l'éternel féminin. Je tiens à exprimer clairement que je la considère, au contraire, comme l'éternel masculin. Mais, pour ceux qui sont pénétrés de part en part de « culture historique », il est assez indifférent qu'elle soit l'un ou l'autre, car eux-mêmes ne sont-ils pas ni hommes ni femmes, ni même *communia?* Ils sont, encore et toujours, des *neutres*, ou, pour m'exprimer d'une façon plus cultivée, les éternels objectifs.

Rien n'agit plus sur les personnalités lorsqu'on les a ainsi effacées, jusqu'à en faire disparaître à jamais le sujet, ou, comme on dit, lorsqu'on les a ainsi réduites à l' « objectivité ». Qu'il arrive quelque chose de bon et de juste — action, poème, musique — immédiatement l'homme cultivé et creux regarde au delà de l'œuvre et s'informe des particularités qu'il y a dans l'histoire de l'auteur. Si celui-ci a déjà produit plusieurs choses, il lui faudra permettre que l'on interprète la marche de son évolution antérieure et la marche probable de son évolution future. On le placera à côté d'autres personnes pour établir des comparaisons. On examinera le choix de son sujet et la façon dont il l'a traité,et,après avoir décomposé et démêlé tout cela, après l'avoir remâché et censuré, on voudra en refaire un tout. Quoi qu'il arrive ou paraisse, fût-ce même la chose la plus surprenante, toujours l'armée des neutres historiens est sur place, prête déjà à scruter l'auteur de loin. De suite un écho retentit, mais c'est toujours sous forme de « critique », alors qu'il y a peu de temps encore le critiqueur ne songeait même pas en rêve à la possibilité de l'événement qu'il censure. Jamais il ne se produit un effet, mais encore et toujours une « critique ». Et la critique elle-même est dépourvue d'effet, car elle ne se traduit que par de nouvelles critiques. On est convenu de considérer un grand nombre de critiques comme un effet produit, un petit nombre ou l'absence complète de critiques, au contraire, comme un insuccès. Au fond, qu'il y ait pareil « effet » ou non, toutes choses demeurent en état. On se livre simplement pendant un certain temps à un nouveau bavardage, puis à un bavardage encore plus nouveau et, dans l'intervalle, on fait ce que l'on a toujours fait. La culture historique de nos critiques ne permet pas du tout qu'il y ait un « effet », au sens propre, c'est-à-dire une influence sur la vie et l'action. Sur l'écriture la plus noire, ces critiques appliquent aussitôt leur papier buvard, ils barbouillent le dessin le plus agréable de gros traits de pinceau, et veulent faire prendre ceux-ci pour des corrections. C'en est fini dès lors. Jamais leur plume critique ne cesse de couler, car ils ont perdu toute puissance sur elle et c'est plutôt elle qui les dirige au lieu d'obéir à leur main. C'est justement dans ce que leurs effusions critiques ont de démesuré, dans leur incapacité de se dominer, dans ce que les Romains appellent *impotentia*, que se révèle la faiblesse de la personnalité moderne.

6.

Mais laissons cette faiblesse. Tournons-nous plutôt vers une force souvent vantée de l'homme moderne, en nous demandant si son « objectivité » historique bien connue lui donne le droit de se dire fort, c'est-à-dire juste, plus juste que les hommes des autres époques. Est-il vrai que cette objectivité a son origine dans un besoin de justice plus intense et plus vif? Ou bien, étant l'effet de toutes autres causes, ne fait-elle qu'éveiller l'apparence que c'est l'esprit de justice qui est la véritable cause de cet effet ? Induit-elle peut-être à un préjugé dangereux, dangereux parce que trop flatteur, au sujet des vertus de l'homme moderne? — Socrate considérait que c'est un mal qui n'est pas loin de la folie, de s'imaginer que l'on possède une vertu, alors qu'on ne la possède pas. Certes, une pareille illusion est plus dangereuse que l'illusion contraire qui consiste à croire que l'on souffre d'un défaut, d'un vice. Car, grâce à cette folie, il est peut-être encore possible de devenir meilleur, tandis que, par cette illusion, l'homme ou l'époque deviennent de jour en jour plus mauvais — c'est-à-dire, dans le cas présent, plus injustes.

En vérité, personne n'a à un plus haut degré droit à notre vénération que celui qui possède l'instinct de la justice et la force de réaliser celle-ci. Car, dans la justice, s'unissent et s'abritent les vertus les plus hautes et les plus rares, comme dans une mer insondable qui reçoit des fleuves de tous les côtés et les absorbe en elle. La main du juste qui est autorisé à rendre la justice ne tremble plus quand elle tient la balance. Inflexible pour lui-même, le juste ajoute un poids à un autre poids. Son œil ne se trouble pas quand les plateaux montent et descendent et sa voix n'est ni dure ni brisée, lorsqu'il proclame la sentence. S'il était un froid démon de la connaissance, il répandrait autour de lui l'atmosphère glaciale d'une majesté surhumaine et épouvantable, qu'il nous faudrait craindre et non point vénérer. Mais il est un homme, et pourtant il essaie de s'élever du doute indulgent à l'austère certitude, d'une indulgente tolérance à l'impératif « tu dois », de la rare vertu de la générosité à la vertu plus rare encore de la justice; il ressemble à ce démon, sans être à l'origine autre chose qu'un pauvre homme; à chaque moment il expie sur lui-même son humanité, il est rongé par ce qu'il y a de tragique dans une impossible vertu. — Tout cela l'élève dans une hauteur solitaire, comme s'il était l'exemple le plus *vénérable* de l'espèce humaine; car il veut la vérité, non point sous forme de froide connaissance, sans enchaînement, mais comme la justicière qui ordonne et qui punit; la vérité non point comme propriété égoïste de l'individu, mais comme un droit sacré à déplacer toutes les bornes de la propriété égoïste; bref, la vérité comme jugement de l'humanité et nullement comme une proie saisie au vol et un plaisir de chasseur. Ce n'est que dans la mesure où le véridique possède la volonté absolue d'être juste qu'il y a quelque chose de grand dans cette aspiration à la vérité glorifiée partout si étourdiment. Toute une série d'instincts très différents, tels que la curiosité, la crainte de l'ennui, la jalousie, la vanité, le goût du jeu, qui n'ont rien à voir du tout avec la vérité, aux yeux de certains observateurs moins sagaces, seraient identiques à cet instinct de vérité qui a sa racine dans l'esprit de justice. De telle sorte que le monde semble être plein de gens qui sont « au service de la vérité », alors que la vertu de la justice est extrêmement rare, qu'elle est reconnue plus rarement encore et que presque toujours elle est détestée à mort. Au contraire, l'armée des vertus apparentes est vénérée à toutes les époques et elle étale ses fastes. Il y en a peu qui servent la vérité, en vérité, parce qu'il y en a peu qui sont animés de la pure volonté d'être justes, et, parmi ceux-là, le plus petit nombre seulement possède assez de force pour pouvoir être juste. Il ne suffit nullement d'en avoir la volonté, et précisément les maux les plus épouvantables sont descendus sur les hommes à cause de l'instinct de justice qui n'était pas doublée de faculté de jugement. C'est pourquoi le bien public n'exigerait qu'une seule chose, que la semence du jugement fût semée autant que possible, pour que l'on distingue le fanatique du juge, l'envie aveugle d'être juge de la force consciente du droit au jugement. Mais où donc trouverait-on un moyen pour implanter la faculté de jugement? C'est pourquoi ces hommes, dès qu'il leur sera parlé de vérité et de justice, s'arrêteront toujours dans l'hésitation, ne sachant pas si c'est un fanatique ou un juge qui leur parle. Il faut donc leur pardonner s'ils ont toujours salué, avec une bienveillance particulière, ces serviteurs de la vérité qui n'ont ni la volonté ni la force de juger, et qui ont pris pour tâche de chercher la connaissance « pure et sans conséquence », ou, plus exactement, la vérité qui n'aboutit à rien. Il y a beaucoup de vérités indifférentes ; il y a des problèmes auxquels on peut trouver une solution juste, sans qu'il y ait besoin de victoire sur soi-même, à plus forte raison de sacrifice. Dans ce domaine indifférent et sans danger, il sera peut-être aisé, pour un homme, de devenir un froid démon de la connaissance. Et pourtant ! Quand, à des époques particulièrement favorisées, des cohortes entières de savants et de chercheurs sont transformées en de semblables démons, il reste néanmoins malheureusement possible que de telles époques soient privées du sévère et magnifique esprit de justice, c'est-à-dire du plus noble germe de ce que l'on appelle instinct de vérité.

Qu'on se représente dès lors l'historien virtuose de l'époque présente. Est-il l'homme le plus juste de son époque ? Certes, il a développé en lui une telle subtilité, une telle irritabilité du sentiment que rien d'humain ne lui demeure étranger. Les époques et les personnes les plus différentes font vibrer immédiatement sa lyre en des sons analogues. Il est devenu un écho passif qui, par son résonnement, éveille d'autres échos passifs, jusqu'à ce que toute l'atmosphère d'une époque soit remplie de l'entrecroisement subtil de pareils échos. Il me semble pourtant que l'on n'entend plus, si je puis m'exprimer ainsi, que les notes hautes, dans les harmonies originales de ce concert historique. Il est impossible alors de deviner ce qu'il y avait là de solide et de puissant, tant les accords ténus et aigus prennent le dessus. Les sons originaux éveillaient l'image d'actions, d'angoisses, de terreurs; ceux-ci nous bercent et font de nous des jouisseurs douillets. C'est comme si l'on avait arrangé pour deux flûtes la symphonie héroïque pour qu'elle fasse les délices de fumeurs d'opium abîmés dans leurs rêves. A cette mesure on pourra évaluer ce qui en est, chez ces virtuoses, des aspirations supérieures de l'homme moderne à une justice plus haute et plus pure. Une pareille vertu est dépourvue de complaisance, elle ne connaît pas les émotions charmantes, elle est dure et épouvantable. Quel rang inférieur occupera dans l'échelle des vertus, si on l'évalue d'après cette échelle, la générosité qui est pourtant la vertu de quelques rares historiens! Parmi eux, un plus grand nombre ne parvient que jusqu'à la tolérance, à l'acceptation de ce qui ne peut pas être nié, à l'arrangement et à l'enjolivation mesurée et bienveillante, avec la sage conviction que le vulgaire croira à de l'esprit de justice, quand le passé est raconté sans de durs accents et sans une expression de haine. Mais seule la force prépondérante peut juger, la faiblesse doit tolérer, quand elle ne veut pas affecter de la force et faire de la justice du prétoire une comédienne.

Or, il reste encore une autre, une terrible catégorie d'historiens, caractères braves, sévères et honnêtes, mais cerveaux étroits. La volonté de bien faire et d'être juste existe là au même degré que la phraséologie du juge ; mais tous les jugements sont faux, à peu près pour la même raison qui fait que les arrêts des collèges de jurés ordinaires sont généralement faux. Combien invraisemblable est donc la fréquence du talent historique ! Nous faisons ici complètement abstraction des égoïstes masqués et des sectaires qui, en jouant leur mauvais jeu, ont l'air le plus objectif du monde. Nous faisons également abstraction des gens tout à fait irréfléchis qui, en tant qu'historiens, écrivent avec la naïve conviction que leur époque, avec ses idées populaires, a raison, plus qu'aucune autre, et qu'écrire, conformément à cette époque, équivaut à écrire avec justice. C'est là une croyance qui est celle de toute espèce de religion, et quand il s'agit de religions on ne peut pas en dire davantage. Les historiens naïfs appellent « objectivité » l'habitude de mesurer les opinions et les actions passées aux opinions qui ont cours au moment où ils écrivent. C'est là qu'ils trouvent le canon de toutes les vérités. Leur travail c'est d'adapter le passé à la trivialité actuelle. Par contre, ils appellent « subjective » toute façon d'écrire l'histoire qui ne considère pas comme canoniques ces opinions populaires.

Et, lors même que l'on donnerait au mot « objectif » sa suprême signification, ne renfermeraitil pas une illusion? On entend par ce mot, chez l'historien, un état d'esprit où celui-ci considère un événement, dans ses motifs et ses conséquences, avec une telle pureté que cet événement ne saurait avoir sur son sujet aucun effet. On entend ce phénomène esthétique où le peintre détaché de tout intérêt personnel contemple son image intérieure, au milieu de la tempête, sous le tonnerre et les éclairs, ou sur une mer agitée, et oublie ainsi sa propre personnalité. On demande donc aussi à l'historien de s'abandonner à cette contemplation artistique, à cet état d'immersion complète au fond des choses. Mais c'est une erreur de croire que l'image des choses extérieures, dans l'âme d'un homme ainsi disposé, reproduise l'essence empirique de celles-ci. Ou bien, se pourrait-il qu'en un pareil moment les choses se reproduisent en quelque sorte par leur propre activité, se photographient sur un organisme absolument passif?

Ce serait là une mythologie et, de plus, une mythologie fort mauvaise. De plus, on oublie que ce moment est précisément le moment de la fécondation, le plus violent, le plus actif et le plus personnel dans l'âme de l'artiste, un moment de suprême création, dont le résultat sera une peinture vraie au point de vue artistique, mais non pas au point de vue historique. Concevoir ainsi l'histoire au point de vue objectif, c'est le travail silencieux du dramaturge. A lui de souder en imagination les événements, de lier les détails pour en former un ensemble. Partout il devra partir du principe qu'il faut mettre une unité de plan dans les choses, dès que cette unité ne s'y trouve pas déjà. C'est ainsi que l'homme entoure le passé d'un réseau, c'est ainsi qu'il le domine, c'est ainsi qu'il manifeste son instinct artistique — mais non point son instinct de vérité et de justice. L'objectivité et l'esprit de justice n'ont rien de commun. On pourrait imaginer une façon d'écrire l'histoire qui ne contiendrait pas une parcelle de commune vérité empirique et qui pourrait pourtant prétendre au plus haut degré à l'objectivité. Grillparzer ose même déclarer : « Qu'est donc l'histoire, sinon la façon dont l'esprit des hommes accueille les événements qui pour lui sont *impénétrables;* la façon dont il lie ce qui cadre Dieu sait comment ; la façon dont il remplace ce qui est incompréhensible par quelque chose de compréhensible ; la façon dont il prête ses conceptions d'une finalité extérieure à un tout qui ne connaît probablement qu'une finalité intérieure ; la façon dont il admet le hasard là où agissent mille petites causes ? Tout homme possède sa finalité particulière, en sorte que mille directions courent les unes à côté des autres en lignes courbes et droites; elles s'entrecroisent, se favorisent ou s'entravent, vont de l'avant et reculent, et prennent de la sorte, les unes vis-à-vis des autres, le caractère du hasard, rendant ainsi impossible, abstraction faite des influences des phénomènes de la nature, la démonstration d'une finalité décisive dans les événements qui embrasserait l'humanité tout entière. »

Or, le résultat de ce regard « objectif » jeté sur les choses doit précisément mettre en lumière une pareille finalité. C'est là une hypothèse qui, si l'historien l'érigeait en article de foi, ne pourrait prendre qu'une forme singulière. Il est vrai que Schiller voit parfaitement clair au sujet du caractère absolument subjectif de cette supposition, quand il dit de l'historien : « Un phénomène après l'autre commence à se soustraire à l'aveugle hasard, à la liberté sans règle, pour prendre rang, tel un membre qui s'ajuste dans un ensemble harmonieux — ensemble qui à vrai dire n'existe que dans l'imagination. » Que faut-il penser, par contre, de cette affirmation d'un célèbre historien virtuose, introduite avec tant de crédulité, et qui flotte entre la tautologie et le contre-sens : « Toute activité humaine est soumise à la puissante et incessante marche des choses, activité imperceptible, qui se soustrait parfois à l'observation »? Dans cette phrase il n'y a pas plus de sagesse énigmatique que de folie non énigmatique. Elle ressemble à cette affirmation du jardinier de la cour dont parle Gœthe : « On peut peut-être forcer la nature, mais non pas la contraindre », ou bien à cette inscription d'une boutique de foire dont parle Swift : « Ici l'on peut voir le plus grand éléphant du monde, à l'exception de lui-même. » Car, quelle opposition y a-t-il entre la marche des choses et l'activité humaine? Je remarque en général que les historiens, pareils à celui dont je viens de citer une phrase, n'instruisent plus dès qu'ils s'abandonnent à des généralités et qu'alors ils voilent, par des obscurités, le sentiment qu'ils ont de leur propre faiblesse. Dans d'autres sciences, les généralités sont ce qu'il y a de plus important, pour autant qu'elles contiennent les lois. Mais, si l'on voulait nous présenter comme des lois des affirmations semblables à celle que nous venons de reproduire, nous pourrions répondre,que dans ce cas, le travail de l'historien ne serait que du gaspillage, car si l'on déduit de pareilles phrases les obscurités et le reliquat insoluble dont nous avons parlé, ce qui demeure est archi-connu et même trivial, chacun ayant eu l'occasion de s'en rendre compte dans le plus étroit domaine de l'expérience. Or, incommoder avec ce fatras des peuples entiers et y employer de pénibles années de travail, ce ne serait pas autre chose que d'accumuler, dans les sciences naturelles, expérience sur expérience, sans tenir compte que, du trésor des expériences connues, la loi a depuis longtemps pu être déduite. Selon Zœllner, les sciences naturelles souffriraient du reste aujourd'hui de ces excès insensés dans l'expérimentation. Si la valeur d'un drame ne résidait que dans l'idée principale et dans le thème final, le drame lui-même ne serait qu'un long détour, un chemin pénible et tortueux, pour arriver au but. J'espère donc que la signification de l'histoire ne se trouve pas dans les idées générales qui seraient en quelque sorte ses fleurs et ses fruits, mais que sa valeur consiste précisément à paraphraser spirituellement un thème connu, peut-être ordinaire, une mélodie de tous les jours, pour l'élever jusqu'au symbole universel, afin de laisser entrevoir, dans le thème primitif, tout un monde de profondeur, de puissance et de beauté.

Mais, pour y parvenir, il faut avant tout une grande puissance artistique, de hautes vues créatrices, un sincère approfondissement dans les dates empiriques, un développement par l'imagination des types donnés — à vrai dire, c'est de l'objectivité qu'il faut, mais comme qualité positive. Or, trop souvent l'objectivité n'est qu'une phrase. Au lieu du calme tranquille et sombre de l'œil artistique qui cache un éclair intérieur, on n'aperçoit qu'un calme affecté; de même que l'absence d'allure et de force morale se travestit généralement en observation froide et incisive. Dans certains cas, la banalité de sentiments, la sagesse de tout le monde qui ne fait l'impression du calme et de la tranquillité que par l'ennui qu'elle répand, ne se hasarde à paraître au dehors que pour se donner l'apparence de cette condition artistique, où le sujet se tait et devient parfaitement imperceptible. Alors on cherche à faire montre de tout ce qui n'émeut point et le mot le plus sec paraît être le bon. On va même jusqu'à croire que celui qu'un moment du passé *ne regarde* en rien est précisément appelé à présenter ce moment. C'est le rapport qu'occupent souvent, les uns vis-à-vis des autres, les philologues et les Grecs : ils ne se regardent en rien. On appelle alors cela de l'« objectivité ». Or, quand c'est ce qu'il y a de plus élevé et de plus rare qui doit être exposé, l'indifférence étalée avec intention, l'argumentation volontairement plate et sèche, sont d'autant plus révoltantes, surtout quand c'est la *vanité* de l'historien qui pousse à cette impassibilité aux allures objectives. Du reste, en face de pareils auteurs, il importe de motiver son jugement selon le principe que la vanité chez l'homme est en raison inverse de sa raison.

Non, ayez au moins de la probité ! Ne cherchez pas à donner le change en vous efforçant de créer l'apparence de la justice quand vous n'êtes pas prédestinés à la terrible vocation du juste. Comme si l'obligation de la justice envers toutes choses était la tâche de toutes les époques ! On peut même affirmer que les époques et les générations n'ont jamais le droit de s'ériger en juges sur toutes les époques et toutes les générations antérieures. Des individus seuls, et parmi eux les plus rares, peuvent accomplir cette mission ingrate. Qui donc vous force à juger ? Faites donc un examen de conscience, vous verrez alors si vous êtes capables de juger quand vous le voudrez. En tant que juges, il vous faudrait être placés plus haut que ceux que vous avez à juger, tandis que votre seule qualité c'est d'être arrivés plus tard. Les hôtes qui s'approchent en dernier lieu de la table doivent, à bon droit, occuper les dernières places, et vous voulez obtenir les premières. Eh bien ! accomplissez du moins ce qu'il y a de plus élevé et de plus sublime. Peut-être vous fera-t-on alors de la place, lors même que vous arriveriez les derniers.

Ce n'est que par la plus grande force du présent que doit être interprété le passé : ce n'est que par la plus forte tension de vos facultés les plus nobles que vous devinerez ce qui, dans le passé, est digne d'être connu et conservé, que vous devinerez ce qui est grand. L'égal par l'égal ! Autrement vous abaissez le passé à votre niveau. Ne croyez pas à une historiographie qui ne sort pas de la pensée des cerveaux les plus rares ; vous reconnaîtrez toujours la qualité de ces esprits lorsqu'ils seront forcés d'exprimer une idée générale ou qu'il leur faudra répéter une chose universellement connue. Le véritable historien doit avoir la force de transformer les choses les plus notoires en choses inouïes et de proclamer les idées générales, avec tant de simplicité et de profondeur que la profondeur en fait oublier la simplicité et la simplicité la profondeur. Personne ne peut être en même temps un grand historien, un artiste et un esprit borné. Il ne faut cependant pas mépriser les travailleurs qui poussent la brouette, qui remblayent et tamisent, sous prétexte qu'ils ne pourront assurément pas devenir de grands historiens; il faut encore moins les confondre avec ceux-ci, mais les regarder comme des ouvriers et des manœuvres nécessaires au service du maître : quelque chose comme ce que les Français appellent, avec une naïveté encore plus grande qu'elle ne serait possible chez des Allemands, des historiens à la façon de M. Thiers. Ces travailleurs deviendront peu à peu de grands savants, mais cela ne suffit pas pour qu'ils deviennent jamais des maîtres. Un grand savant et un esprit borné, voilà qui se rencontre déjà plus facilement sous le même bonnet.

Donc, c'est l'homme supérieur et expérimenté qui écrit l'histoire. Celui qui n'a pas eu dans sa vie des événements plus grands et plus sublimes que n'en ont eu ses semblables ne sera pas à même d'interpréter ce qu'il y a dans le passé de grand et de sublime. La parole du passé est toujours parole d'oracle. Vous ne l'entendrez que si vous êtes les constructeurs de l'avenir et les interprètes du présent.

On explique maintenant principalement l'extraordinaire influence, si lointaine et si profonde, des oracles de Delphe par ce fait que les prêtres delphiens avaient une connaissance approfondie du passé. Du moment que vous regardez vers l'avenir, que vous vous imposez un but sublime, vous maîtrisez en même temps cet instinct analytique exubérant qui maintenant ravage pour vous le présent et qui rend presque impossible toute tranquillité, tout paisible développement, toute maturité. Elevez autour de vous le rempart d'un espoir sublime et vaste, d'une aspiration pleine d'espérance. Formez-vous une image, à quoi l'avenir doive correspondre et oubliez de croire que vous êtes des épigones, ce qui est une superstition. Vous aurez suffisamment à penser et à inventer, si vous pensez à cette vie à venir. Mais ne demandez pas à l'histoire de vous montrer le pourquoi et le comment. Si pourtant vous vous pénétrez de la vie des grands hommes, vous y trouverez ce commandement supérieur d'aspirer à la maternité et d'échapper à cette bruyante contrainte de l'éducation moderne qui trouve son profit à ne pas vous laisser mûrir, pour pouvoir vous dominer et vous exploiter. Et si vous avez besoin de consulter des biographies, ne choisissez pas celles qui portent le titre : *Monsieur un Tel et son Temps*, mais préférez les études qui pourraient s'intituler : « Un lutteur qui combattit son temps. » Abreuvez votre âme de Plutarque et osez croire en vous-mêmes en croyant à ses héros.

Avec une centaine de ces hommes, élevés ainsi

à l'encontre des idées modernes, je veux dire, avec des hommes qui ont atteint leur maturité et qui ont pris l'habitude de ce qui est héroïque, toute la bruyante culture inférieure de ce temps serait réduite à un silence éternel. —

7.

Le sens historique, lorsqu'il peut régner sans entraves et tire toutes les conséquences de sa domination, déracine l'avenir, parce qu'il détruit les illusions et enlève aux choses existantes l'atmosphère qui les entoure et dont elles ont besoin pour vivre. C'est pourquoi la justice historique, lors même que l'on en ferait profession, sous l'inspiration des sentiments les plus purs, est une vertu terrible, car elle sape toujours par la base et elle détruit ce qui est vivant. Juger, pour elle, c'est toujours anéantir. Quand, derrière l'instinct historique, il n'y a pas un instinct constructeur qui agit, quand on ne détruit et ne déblaye point, pour qu'un avenir déjà vivant en espérance édifie sa demeure sur le sol débarrassé, quand la justice seule règne, alors l'instinct créateur est affaibli et découragé. Une religion, par exemple, qui doit être transformée en savoir historique, une religion qui doit être étudiée de part en part, scientifiquement, une fois cette étape franchie, sera, par là-même, détruite. Toute vérification historique amène au jour tant de choses fausses, grossières, inhumaines, absurdes, violentes que, forcément, se dissipe l'atmosphère d'illusion pieuse où tout ce qui a le désir de vivre peut seul prospérer. Car l'homme ne saurait créer qu'en amour; abrité par l'illusion de l'amour, il aura la foi absolue en la perfection et la justice.

Dès que l'on force quelqu'un à ne plus aimer d'une façon absolue, on a coupé la racine de sa puissance : dès lors il desséchera, c'est-à-dire qu'il ne sera plus sincère. Il faut opposer aux effets de l'histoire les effets de l'art, et c'est seulement quand l'histoire supporte d'être transformée en œuvre d'art, de devenir un produit de l'art, qu'elle peut conserver des instincts et peut-être même éveiller des instincts. Or, une pareille façon d'écrire l'histoire serait en parfaite contradiction avec la tendance analytique et anti-artistique de notre époque, on irait même jusqu'à y voir une falsification. Mais les études historiques qui ne font que détruire, sans qu'un profond instinct édificateur les dirige, usent et déforment peu à peu leurs instruments. Les historiens étouffent les illusions, et « celui qui détruit les illusions, en lui-même et chez les autres, sera puni par la nature, qui est le plus sévère des tyrans ».

A vrai dire, durant un certain temps, on peut s'occuper d'études historiques, avec innocence et sans y chercher malice, comme si c'était là une occupation semblable à toutes les autres. La nouvelle théologie, en particulier, semble s'être mise en rapport avec l'histoire par pure innocence, et, maintenant encore, elle daigne à peine s'apercevoir que, par là même, probablement bien à contre cœur, elle s'est placée au service de l'« *écrasez l'infâme* » de Voltaire. Que personne ne s'y trompe, croyant reconnaître, sous tout cela, de nouveaux et vigoureux instincts de bâtisseur. A moins que l'on ne veuille faire passer la prétendue Association protestante pour le sein maternel d'une nouvelle religion et le juriste Holtzendorf (éditeur et préfacier d'une encore plus prétendue Bible protestante) pour saint Jean au bord du Jourdain. Possible que, durant un certain temps, la philosophie hégélienne, dont la fumée emplit encore les esprits d'un âge moyen, aide à la propagation de cette naïveté, de telle sorte, l'on établit, par exemple, une différence entre l'« idée du christianisme » et ses « apparences » multiples et imparfaites. On se fera alors accroire à soi-même que cette « idée » trouve un malin plaisir à se manifester sous des formes toujours plus pures, pour finir enfin par choisir la forme certainement la plus claire et la plus translucide — au point qu'elle devient à peine visible — dans le cerveau de l'actuel *theologus liberalis vulgaris*.

Mais quand il entend ces christianismes *les plus purs* se prononcer sur les christianismes antérieurs qui étaient *impurs*, l'auditeur impartial a souvent l'impression qu'il n'est point du tout question de christianisme. De quoi donc alors ? A quoi devons-nous penser, quand nous entendons « les plus grands théologiens du siècle » définir le christianisme comme la religion qui permet « de pénétrer par l'esprit dans toutes les religions véritables et, plus encore, dans celles qui sont seulement possibles »,quand l' « Eglise véritable » qu'apportera l'avenir sera « une masse en fusion et sans contours, où chaque partie se trouvera tantôt ici, tantôt là et où tout se mêlera en paix » ? — Encore une fois, à quoi devons-nous penser ?

Ce qui s'est passé avec le christianisme, à savoir que, sous l'influence du traitement historique, il est devenu falot est anti-naturel au point que cette pratique juste poussée à l'extrême en a fait une simple histoire de la religion, de religion qu'il était, on peut l'étudier sur tout ce qui possède de la vie. Ce qui vit cesse de vivre quand on a achevé de le disséquer. L'état douloureux et maladif commence quand commencent les exercices de dissection historique. Il y a des hommes qui croient à une vertu curative, transformatrice et réformatrice de la musique allemande sur les Allemands. Ils voient avec colère et considèrent que c'est une injustice commise sur ce que notre civilisation a de plus vivant, quand des hommes comme Mozart et Beethoven sont aujourd'hui déjà accablés par le savant fatras des biographes, et forcés de répondre à mille questions insidieuses, par le système de torture de la critique historique. Ce qui n'a pas encore épuisé ses influences vivantes n'est-il pas chaque fois aboli mal à propos ou du moins paralysé, par le fait que l'on dirige la curiosité sur d'innombrables micrologies de la vie et des œuvres et que l'on cherche des problèmes de la connaissance, là où l'on devrait apprendre à vivre et à oublier tous les problèmes ? Or, transportez, en imagination, quelques-uns de ces biographes modernes au lieu de naissance du christianisme ou de la réforme luthérienne. Leur sèche curiosité pragmatisante aurait suffi pour rendre impossible toute mystérieuse action à distance, comme l'animal le plus misérable peut empêcher la formation du chêne le plus puissant, par le fait qu'il dévore le gland.

Tout ce qui vit a besoin de s'entourer d'une atmosphère, d'une auréole mystérieuse. Lui enlève-t-on cette enveloppe, condamne-t-on une religion, un art, un génie à graviter comme un astre sans enveloppe nébuleuse, on ne doit pas s'étonner de voir cet organisme sécher, se durcir, se stériliser à bref délai. C'est la loi qui régit toutes les grandes choses, lesquelles, comme dit Hans Sachs dans *les Maîtres Chanteurs*, « ne prospèrent pas sans un peu d'illusion ».

Mais tout peuple aussi, tout homme qui veut arriver *à maturité*, a besoin d'une de ces illusions protectrices, d'un nuage qui l'abrite et l'enveloppe.

Aujourd'hui cependant on a horreur de la maturité, parce que l'on fait plus de cas de l'histoire que de la vie. Bien plus, on se glorifie de ce que « la science commence à régner sur la vie ». Il est possible que l'on finisse par en arriver là, mais il est certain qu'une vie ainsi régentée ne vaut pas grand' chose, parce qu'elle est beaucoup moins « vie », et porte en germe moins de vie à venir que la vie de jadis, régie non par le savoir, mais par l'instinct et par de puissantes illusions. On nous objectera que notre temps ne doit pas être l'ère des personnalités accomplies, mûries, harmonieuses, mais bien celle d'un travail collectif, le plus productif possible. Cela revient à dire que les hommes doivent être dressés en vue des besoins de notre temps, afin qu'ils soient en mesure de mettre la main à la pâte; qu'ils doivent travailler à la grande usine des « utilités » communes avant d'être mûrs, et même afin qu'ils ne deviennent jamais mûrs, — car ce serait là un luxe qui soustrairait au « marché du travail » une quantité de force. On aveugle certains oiseaux pour qu'ils chantent mieux : je ne crois pas que les hommes d'aujourd'hui chantent mieux que leurs grands-parents, mais ce que je sais, c'est qu'on les aveugle tout jeunes. Et le moyen, le moyen scélérat qu'on emploie pour les aveugler, c'est une *lumière trop intense, trop soudaine* et *trop variable*. Le jeune homme est promené, à grands coups de fouet, à travers les siècles : des adolescents qui n'entendent rien à la guerre, aux négociations diplomatiques, à la politique commerciale, sont jugés dignes d'être initiés à l'histoire politique. Et, de même que le jeune homme galope à travers l'histoire, l'homme moderne galope à travers les musées, ou court entendre des concerts. On sent bien que telle musique sonne autrement que telle autre, que telle chose produit une autre impression que telle autre. Or, perdre de plus en plus ce sentiment de surprise, ne plus s'étonner démesurément de rien, enfin se prêter à tout, — voilà ce qu'on appelle le sens historique, la culture historique. A parler franc : la masse des matières de connaissance qui nous arrivent de toute part est si formidable, tant d'éléments inassimilables, exotiques, se poussent violemment, irrésistiblement, « tassés en hideux monceaux », pour trouver accès dans une jeune âme, que celle-ci n'a d'autre ressource, pour se défendre de cette invasion, qu'une hébétude volontaire. Chez des natures douées à l'origine d'une conscience plus subtile et plus forte, un autre sentiment ne tarde pas à se faire jour : le dégoût. Le jeune homme est devenu un sans-patrie, il doute de toutes les coutumes et de toutes les idées. Il le sait bien à présent : autres temps, autres mœurs ; peu importe donc ce que tu es. Dans une mélancolique atonie, il laisse défiler devant lui une opinion après l'autre, et il comprend l'état d'âme et la parole de Hœlderlin, après la lecture de l'ouvrage de Diogène Laërce sur la vie et la doctrine des philosophes grecs : « Une fois de plus j'ai ressenti cette impression souvent éprouvée déjà, que ce caractère transitoire et éphémère des pensées et des systèmes de l'homme m'affecte d'une manière plus tragique que ce que l'on nomme les vicissitudes de la vie réelle. »

Non, une telle inondation historique, abêtissante et violente, n'est certainement pas indispensable à la jeunesse, ainsi que le montre l'exemple des anciens ; bien plus elle est un danger, et un danger des plus graves, comme le montre l'exemple des modernes. Or, considérez à présent l'étudiant d'histoire lui-même, à qui est échu en héritage ce sens blasé trop précoce qui s'aperçoit déjà chez lui dès son jeune âge. Il s'est assimilé la « méthode » de travail personnel, le tour de main et le ton distingué de son maître ; un petit chapitre du passé soigneusement isolé du reste est le champ d'expériences livré à sa sagacité et à la méthode qu'il a acquise ; il a déjà produit, ou même, pour employer une expression plus altière, il a déjà « créé ». Dès lors, il est devenu, par ce haut fait, serviteur de la vérité et maître dans le domaine de l'histoire. Si, comme enfant déjà, il était « fait », le voilà maintenant trop fait : vous n'avez qu'à le secouer et la sagesse tombera à grand fracas de ses branches. Mais cette sagesse est pourrie, et chaque pomme a son ver. Croyez-m'en, quand on veut que les hommes travaillent et se rendent utiles dans l'usine de la science, avant d'avoir atteint leur maturité, on ruine la science dans le plus bref délai, aussi bien que l'on ruine les esclaves employés de trop bonne heure à cette usine. Je regrette que l'on soit obligé de se servir déjà de l'argot des propriétaires d'esclaves et des employeurs, pour décrire des conditions de vie qui devraient être imaginées pures de tout utilitarisme et à l'abri des nécessités de l'existence. Mais involontairement des expressions comme « usine » « marché du travail », « offre et demande», « exploitation » — et quels que soient les autres termes qui qualifient les auxiliaires de l'égoïsme — vous viennent aux lèvres, lorsque l'on veut décrire la plus jeune génération des savants. L'honnête médiocrité devient toujours plus médiocre, la science, au point de vue économique, toujours plus utilitaire. Les savants dernier modèle ne sont, en réalité, instruits que sur un seul point — sur ce point-là, il est vrai, ils sont plus instruits que tous les hommes du passé, mais sur tous les autres points ils sont — pour parler avec prudence — seulement infiniment *différents* de tous les savants de l'ancien modèle.

Ils n'en réclament pas moins pour eux des honneurs et des avantages, comme si l'Etat et l'opinion publique étaient tenus de regarder les nouvelles monnaies comme étant d'aussi bon aloi que les anciennes. Les charretiers ont fait entre eux un contrat de travail et ils ont décrété que le génie était inutile ; — sur quoi ils ont délivré à chaque charretier l'estampille du génie. Mais la postérité verra bien à leurs édifices qu'ils ont fait un travail de charretier et non point œuvre d'architecte. A ceux qui ont sans cesse à la bouche le cri de guerre moderne et l'appel au sacrifice : « division du travail, restez dans le rang ! » il convient de répondre une fois haut et clair : plus vous voudrez accélérer les progrès de la science, plus vite vous anéantirez la science, de même que périt une poule que l'on contraint artificiellement à pondre trop vite ses œufs. La science a fait, dans cette dernière dizaine, des progrès étonnamment rapides. A merveille ! Mais regardez donc les savants : des poules épuisées. Vraiment, ce ne sont point là des natures « harmonieuses » ! Ils savent seulement caqueter plus souvent qu'autrefois, parce qu'ils pondent plus d'œufs : il est vrai que ces œufs sont de plus en plus petits, encore que les livres que font les savants soient de plus en plus gros. Un dernier résultat, résultat fort naturel, se produit, le désir général de « populariser » la science (de même que celui de la « féminiser », de l' « infantiliser »), ce qui équivaut à ajuster le vêtement de la science au corps du « public moyen », pour désigner une activité de tailleur dans le langage des tailleurs. Gœthe voyait dans ce procédé un abus et voulait que les sciences n'agissent sur le monde extérieur que par une *pratique supérieure*. Les anciennes générations de savants avaient en outre de bonnes raisons pour considérer un pareil abus comme pénible et importun. Les jeunes savants ont également de bonnes raisons pour le prendre à la légère, puisque, abstraction faite de la petite sphère scientifique qui leur appartient, il font partie, eux aussi, du public moyen et portent en eux les besoins de ce public. Il leur suffit de s'asseoir commodément pour ouvrir le domaine de leurs études à ce besoin mêlé de curiosité populaire. Ce geste de paresseux devient après coup « l'humble condescendance du savant qui se penche vers son peuple », alors qu'en réalité le savant n'est descendu qu'en lui-même, pour autant qu'il n'est point savant, mais fraction du populaire. Créez donc vous-même la conception du « peuple », vous ne pourrez l'imaginer assez noble et assez haute. Si vous aviez une haute idée du peuple, vous auriez aussi pitié de lui et vous vous garderiez bien de lui offrir votre mixture historique comme un breuvage de vie. Or, au fond, vous pensez peu de chose au sujet du peuple, parce que vous ne pouvez pas avoir de son avenir une estime véritable et bien fondée, et vous agissez comme des pessimistes pratiques, je veux dire comme des hommes guidés par le pressentiment de la décadence, et qui, par conséquent, deviennent indifférents au bien des autres et même à leur propre bien.

Pourvu que la glèbe sur laquelle nous vivons

nous porte encore! Et si elle ne nous porte plus ce sera également « tant mieux ». Tel est leur sentiment, et ainsi ils vivent d'une existence *ironique*.

8.

Cela peut paraître étrange, mais non point contradictoire, si je prête malgré tout à une époque qui, volontiers insiste sur sa culture historique et le fait avec des cris de triomphe, une sorte de *conscience ironique*, une sorte de sentiment vague qu'il ne s'agit point là de se réjouir, une certaine crainte que ce pourrait bien en être fait un jour de toute la joie de la connaissance historique. Par rapport à certaines personnalités, Gœthe nous a présenté un problème analogue, en nous donnant une remarquable caractéristique de Newton. Il trouve au fond (ou plutôt au sommet) de son être « un obscur pressentiment de ses torts », l'expression, perçue à certains moments, d'une conscience supérieure et justicière qui est parvenue, au-dessus de sa nature propre, à un certain coup d'œil ironique. C'est ainsi que l'on trouve, précisément chez les hommes dont les idées historiques ont atteint un développement supérieur et plus étendu, la conviction, tempérée parfois jusqu'au scepticisme général, que c'est une superstition de croire que l'éducation d'un peuple doit être comme elle l'est aujourd'hui, essentiellement historique. Les peuples les plus vigoureux, par leurs actes et par leurs œuvres, n'ont-ils pas vécu autrement, n'ont-ils pas fait autrement l'éducation de leur jeunesse ? Mais — et c'est là l'objection des sceptiques — à nous convient cette superstition, à nous convient cette absurdité, à nous les tard-venus, derniers rameaux étiolés de générations puissantes et joyeuses. C'est à nous qu'il faut appliquer la prophétie d'Hésiode qui affirme qu'un jour les hommes naîtraient avec des cheveux gris et que Zeus détruirait cette génération, aussitôt que ce signe deviendrait visible. De fait, la culture historique est véritablement une sorte de caducité de naissance, et ceux qui en portent les stigmates depuis leur enfance doivent arriver à croire instinctivement à la *vieillesse de l'humanité*. Mais à la vieillesse convient une occupation de vieillard : regarder en arrière, passer en revue, dresser un bilan, chercher une consolation dans les événements d'autrefois, évoquer des souvenirs, en un mot s'adonner à une culture historique. L'espèce humaine cependant est une chose tenace et persévérante qui ne veut pas que l'on juge ses pas — en avant et en arrière — d'après des centaines de milliers d'années. Autrement dit, l'espèce humaine n'a aucune velléité de se laisser juger dans son ensemble par cet atome infinitésimal qu'est l'homme individuel. Que signifient quelques milliers d'années (autrement dit l'espace de temps compris entre trente-quatre vies humaines qui se succèdent, de soixante années chacune), pour pouvoir parler au commencement d'une pareille époque de « jeunesse » et à la fin déjà de « vieillesse de l'humanité » ! N'y aurait-il pas peut-être, au fond de cette croyance paralysante à une humanité qui dépérit déjà, le malentendu d'une conception théologique et chrétienne, héritée du moyen-âge, à savoir l'idée d'une fin prochaine du monde, d'un jugement dernier attendu avec angoisse ? Cette conception serait-elle travestie par l'augmentation de ce besoin de jugement historique, comme si notre époque, étant la dernière des époques possibles, se trouvait qualifiée pour exécuter, sur l'ensemble du passé, ce jugement dernier que la foi chrétienne n'attend nullement de l'homme, mais du « fils de l'homme » ?

Autrefois ce « *memento mori* », jeté à l'humanité aussi bien qu'à l'individu, était un aiguillon torturant sans cesse. C'était en quelque sorte le sommet de la science et de la conscience du moyen-âge. La parole des temps modernes, « *memento vivere* », qu'on lui oppose aujourd'hui, à franchement parler, garde encore un accent un peu timide, ne jaillit pas à pleine gorge et conserve presque quelque chose de malhonnête. Car l'humanité est encore attachée fortement au « *memento mori* » et elle le montre par son goût pour l'histoire. Malgré ses pressants coups d'aile historiques, la science n'a pas pu briser ses entraves et s'élancer dans l'air libre; un profond sentiment de désespoir est demeuré et a pris cette teinte historique qui obscurcit aujourd'hui et rend mélancoliques toute éducation et toute culture supérieures.

Une religion qui, de toutes les heures de la vie humaine, considère la dernière comme la plus importante, qui prédit une fin de l'existence terrestre en général et condamne tous les êtres vivants à vivre au cinquième acte de la tragédie, une telle religion émeut certainement les forces les plus nobles et les plus profondes, mais elle est pleine d'inimitié contre tout essai de plantation nouvelle, contre toute tentative audacieuse, contre toute libre aspiration, elle répugne à tout vol dans l'inconnu, parce qu'elle n'y trouve pas à aimer et à espérer. Ce qui est dans son devenir, elle ne le laisse s'imposer qu'à contre cœur, pour l'écarter et sacrifier au bon moment, comme une incitation à vivre, un mensonge sur la valeur de la vie. Ce que firent les Florentins lorsque, sous l'influence des exhortations à la pénitence que leur prêchait Savonarole, ils préparèrent ces fameux holocaustes de tableaux, de manuscrits, de bijoux et de costumes, le christianisme voudrait le faire de toute civilisation qui invite à aller de l'avant et qui a pris pour devise ce « *memento vivere* ». Et s'il n'est point possible de le faire sur le droit chemin, sans détour, c'est-à-dire par la supériorité des forces, il parvient quand même à son but, quand il s'allie à la culture historique, le plus souvent même à l'insu de celle-ci ; et, dès lors, parlant son langage, il s'oppose, en haussant les épaules, à tout ce qui est *dans son devenir*, et lui prête le caractère de ce qui est tardif et décadent, pour lui donner un aspect de caducité.

La méditation âpre et profondément sérieuse sur la non-valeur de tout ce qui est arrivé, sur l'urgence qu'il y a à mettre le monde en jugement, a fait place à la conviction sceptique qu'il est, en tous cas, bon de connaître le passé, puisqu'il est trop tard pour faire quelque chose de meilleur. Ainsi le sens historique rend ses serviteurs passifs et respectueux. C'est seulement quand, par suite d'un oubli momentané, ce sens est suspendu, que l'homme malade de la fièvre historique devient actif. Mais, dès que l'action est passée, il se met à la disséquer, pour l'empêcher, par l'examen analytique auquel il la soumet, de prolonger son influence. Ainsi dépouillée, son action est alors du domaine de l' « histoire ». Sur ce domaine, nous vivons encore en plein dans le moyen âge. L'histoire est toujours une théologie masquée. De même la vénération dont l'illettré fait preuve vis-à-vis de la caste savante est encore un héritage de la vénération qui entourait le clergé. Ce que l'on donnait autrefois à l'Eglise on le donne aujourd'hui, bien qu'avec plus de parcimonie, à la Science. Mais, si l'on a vraiment donné quelque chose, c'est à l'Eglise qu'on le doit et non pas à l'esprit moderne, qui, abstraction faite d'autres bonnes habitudes, est assez avaricieux, on ne l'ignore pas, la noble vertu de la générosité étant encore chez lui à l'état rudimentaire.

Il se peut que cette observation ne plaise pas et qu'on la juge aussi défavorablement que la déduction que j'ai tirée du rapprochement entre les excès des études historiques et le moyenâgeux « *memento mori* », d'où découle le manque d'espoir que le christianisme porte au fond de lui-même à l'égard des temps futurs de l'existence terrestre. Qu'on remplace donc ces explications que je n'ai présentées qu'avec hésitation par d'autres meilleures. Car l'origine de la culture historique et de son opposition foncière et radicale contre l'esprit d'un « temps nouveau », d'une « conscience moderne » — cette origine elle-même doit être étudiée au point de vue historique. L'histoire *doit* résoudre le problème même de l'histoire ; la science doit tourner son aiguillon contre elle-même, — cette triple obligation est l'impératif de l'esprit du « temps nouveau », pour le cas où il y aurait vraiment quelque chose de nouveau, de puissant, d'original et de vivifiant dans ce « temps nouveau ». Ou bien serait-il vrai que nous autres Allemands — pour ne point parler du tout des peuples latins, — dans toutes les causes supérieures de la civilisation, ne devons jamais être que des « descendants », pour la simple raison que nous ne *pourrions* pas être autre chose? Wilhelm Wackernagel a une fois exprimé cette idée dans une phrase qu'il faut méditer : « Quoi que l'on fasse, nous autres Allemands nous sommes un peuple de *descendants ;* avec toute notre science supérieure, même avec notre foi, nous ne sommes toujours que les successeurs du monde antique. Ceux-là même qui s'y refusent, pleins d'hostilité, respirent sans cesse, en même temps que l'esprit du christianisme, l'esprit immortel de la vieille culture classique, et si l'on parvenait à dégager ces deux éléments de l'atmosphère qui entoure l'homme intérieur, il ne resterait guère de quoi remplir une vie humaine. »

Mais quand même nous nous accommoderions volontiers du sort d'être les héritiers de l'antiquité, quand même nous déciderions de prendre cette tâche vraiment au sérieux, pour y voir notre seul privilège distinctif, nous serions néanmoins astreints à nous demander si ce sera éternellement notre destinée d'être les *élèves de l'antiquité finissante.* Quel que que soit le moment, nous devrions une fois avoir le droit de placer graduellement notre but plus loin et plus haut; en quelque temps que ce soit, nous devrions pouvoir nous accorder le mérite d'avoir recréé, en nous-mêmes, l'esprit de la culture romaine-alexandrine — aussi dans notre histoire universelle — d'une façon si féconde et si grandiose que notre plus noble récompense serait de nous imposer la tâche plus gigantesque encore d'aspirer au delà de ce monde alexandrin et de chercher nos modèles, d'un regard courageux, dans le monde primitif, sublime, naturel et humain, de la Grèce antique. Nous y trouverons également *la réalité d'une culture essentiellement anti-historique, d'une culture, malgré cela, ou plutôt à cause de cela, indiciblement riche et féconde*. Lors même que nous autres, Allemands, nous ne serions pas autre chose que des héritiers, en regardant une pareille culture comme un héritage que nous devons nous approprier, nous ne saurions imaginer quelque chose de plus grand, quelque chose dont nous serions plus fiers que précisément de recueillir cet héritage.

Je veux dire par là, et je ne veux pas dire autre chose, que l'idée souvent pénible d'être des épigones, si on l'imagine en grand, peut avoir de grands effets et donner, pour l'avenir, des garanties pleines d'espoir, aussi bien à l'individu qu'au peuple, et cela pour autant que nous nous considérons comme les héritiers et les descendants de puissances classiques et prodigieuses, voyant là pour nous un honneur et un aiguillon. Nous ne voulons donc pas être les rejetons tardifs, étiolés et dégénérés, de générations vigoureuses, qui, en leur qualité d'antiquaires et de fossoyeurs de ces générations, prolongent leur vie précaire. Certes de pareils êtres tard-venus vivent d'une existence ironique : l'anéantissement suit de près leur carrière boiteuse ; ils frémissent, lorsqu'ils veulent se réjouir du passé, car ils sont des mémoires vivantes, et pourtant leur pensée sans héritiers est dépourvue de sens. Dès lors un obscur pressentiment les enveloppe, ils devinent que leur vie est une injustice, vu qu'aucun avenir ne pourra la justifier.

Imaginons cependant ces tardifs antiquaires, échangeant soudain leur outrecuidance contre cette résignation ironiquement douloureuse ; imaginons-les proclamant d'une voix retentissante que la race a atteint son apogée, car maintenant seulement la science la domine, maintenant seulement elle s'est révélée à elle-même. Alors nous nous trouverions en face d'un spectacle qui dévoilerait, comme dans un symbole, la signification énigmatique que possède pour la culture allemande une certaine philosophie très illustre. S'il y a eu des tournants dangereux dans la civilisation allemande de ce siècle, je crois qu'il n'y en a pas eu de plus dangereux que celui qui fut provoqué par une influence qui subsiste encore, celle de cette philosophie, la philosophie hégélienne. La croyance que l'on est un être tard-venu dans l'époque est véritablement paralysante et propre à provoquer la mauvaise humeur, mais quand une pareille croyance, par un audacieux renversement, se met à diviniser cet être tard-venu, comme s'il était véritablement le sens et le but de tout ce qui s'est passé jusqu'ici, comme si sa misère savante équivalait à une réalisation de l'histoire universelle, alors cette croyance apparaîtrait terrible et destructive.

De pareilles considérations ont habitué les Allemands à parler d'un « processus universel », et à justifier leur propre époque, en y voyant le résultat nécessaire de ce processus universel. De pareilles considérations ont détrôné les autres puissances intellectuelles, l'art et la religion, pour mettre à leur place l'histoire, en tant qu'elle est le « con-« cept qui se réalise lui-même », en tant qu'elle est « la dialectique de l'esprit des peuples » et le « jugement de l'humanité ».

On a appelé par dérision cette interprétation hégélienne de l'histoire la marche de Dieu sur la terre, lequel Dieu n'a du reste été créé lui-même que par l'histoire. Ce dieu des historiens n'est arrivé à une claire compréhension de lui-même que dans les limites que lui tracent les cerveaux hégéliens; il s'est déjà élevé par tous les degrés de son être possible, au point de vue dialectique, jusqu'à cette auto-révélation : en sorte que, pour Hegel, le point culminant et le point final du processus universel coïncideraient avec sa propre existence berlinoise. Hégel aurait même dû affirmer que toutes les choses qui viendraient après lui ne devraient être considérées exactement que comme une résonnance musicale du rondeau universel, plus exactement encore comme quelque chose de superflu. Il n'a pas affirmé cela. Par contre, il a implanté dans les générations pénétrées de sa doctrine cette admiration pour la « puissance de l'histoire » qui, pratiquement, se transforme, à tout instant, en une admiration toute nue du succès et qui conduit à l'idolâtrie des faits. Pour ce culte idolâtre, on a adopté maintenant cette expression très mythologique et de plus très allemande : « Tenir compte des faits. » Or, celui qui a appris à courber l'échine et à incliner la tête devant la « puissance de l'histoire », celui-là aura un geste approbateur et mécanique, un geste à la chinoise, devant toute espèce de puissance, que ce soit un gouvernement, ou l'opinion publique, ou encore le plus grand nombre. Il agitera ses membres d'après la mesure qu'adoptera une « puissance » pour tirer ses ficelles. Si chaque succès porte en lui une nécessité raisonnable, si tout événement est la victoire de la logique ou de l'« idée » — eh bien! qu'on se mette vite à genoux et que l'on parcoure ainsi tous les degrés du « succès »! Comment, il n'y aurait plus de mythologies souveraines? Comment, les religions seraient en train de s'éteindre? Voyez donc la religion de la puissance historique, prenez garde aux prêtres de la mythologie des idées et à leurs genoux meurtris! Toutes les vertus ne forment-elles pas, elles aussi, un cortège à cette nouvelle foi? Ou bien n'est-ce pas du désintéressement quand l'homme historique se laisse transformer en miroir historique? N'est-ce pas de la générosité que de renoncer à toute puissance au ciel et sur la terre, en adorant dans toute puissance la puissance en soi? N'est-ce pas de la justice que de tenir toujours dans la main la balance des forces, en observant de quel côté elle penche? Et quelle école de bienséance est une pareille manière d'envisager l'histoire! Envisager tout au point de vue objectif, ne se fâcher de rien, ne rien aimer, tout comprendre, comme cela rend doux et souple! Et lors même que quelqu'un qui aurait été élevé à cette école s'irriterait une fois publiquement, ou se mettrait en colère, on ne ferait que s'en réjouir, car l'on sait qu'il ne s'agit que du point de vue artistique et que si c'est avec *ira* et *studium*, c'est pourtant complètement *sine ira et studio*.

Que d'idées vieillies j'ai sur le cœur, en face d'un pareil complexus de mythologie et de vertu! Mais il faut une fois que je les sorte, on aura beau rire. Je dirais donc que l'histoire enseigne toujours : « Il était une fois », la morale par contre : « Vous ne devez pas », ou bien « Vous n'auriez pas dû ». De la sorte, l'histoire devient un compendium de l'immoralité effective. Combien celui-là se tromperait qui considérerait en même temps l'histoire comme justicière de cette immoralité effective? La morale est par exemple offensée de voir qu'un Raphaël a dû mourir à trente-six ans. Un pareil être ne devrait pas mourir...Or, si vous voulez venir en aide à l'histoire en apologiste des faits, vous direz que Raphaël a exprimé tout ce qu'il avait en lui; s'il avait vécu plus longtemps il n'aurait jamais pu créer que la beauté, mais une beauté semblable et non point une beauté nouvelle, etc. Vous êtes ainsi les avocats du diable. Vous l'êtes en faisant votre idole du succès, du « fait », alors que le fait est toujours stupide, ayant de tous temps ressemblé plus à un veau qu'à un dieu. Apologistes de l'histoire, l'ignorance vous inspire, car c'est seulement parce que vous ne savez pas ce que c'est qu'une *natura naturans* comme Raphaël que vous ne vous échauffez pas la tête à apprendre qu'elle a été dans le passé et qu'elle ne sera plus jamais dans l'avenir. Au sujet de Gœthe, quelqu'un a voulu nous enseigner récemment qu'avec ses quatre-vingt-deux ans celui-ci avait épuisé ses forces vitales. Et pourtant j'échangerais volontiers quelques années de ce Gœthe « épuisé » contre des voiturées entières d'existences jeunes et ultra-modernes, pour avoir encore ma part à des conversations semblables à celles que Gœthe eut avec Eckermann, et pour que me soient épargnés les enseignements, conformes à l'époque, donnés par les légionnaires du moment. Combien peu de vivants, en face de pareils morts, ont en général le droit de vivre ! Le fait que ce grand nombre est en vie, alors que le petit nombre des hommes rares est mort, n'est autre chose qu'une vérité brutale, c'est-à-dire une bêtise irréparable, une lourde affirmation de « ce qui est » en face de la morale qui dit que « cela ne devrait pas être ainsi ». Certes, en face de la morale ! Car, quelle que soit la vertu dont on veuille parler, la justice, la générosité, la bravoure, la sagesse et la compassion — partout l'homme est vertueux lorsqu'il se révolte contre la puissance aveugle des faits, contre la tyrannie de la réalité et qu'il se soumet à des lois qui ne sont pas les lois de ces fluctuations de l'histoire. Il nage toujours contre le flot historique, soit qu'il combatte ses passions comme la plus proche réalité stupide de son existence, soit qu'il s'engage à la probité, alors que tout autour de lui le mensonge resserre ses mailles étincelantes. Si l'histoire n'était pas autre chose qu'un « système universel de passions et d'erreurs », l'homme devrait y lire de la même façon dont Gœthe conseillait de lire son *Werther*, à savoir : comme si l'histoire s'écriait : « Sois un homme et ne me suis pas ! » Heureusement qu'elle conserve aussi la mémoire des grandes luttes *contre l'histoire*, c'est-à-dire contre la puissance aveugle de la réalité et qu'elle se cloue elle-même au pilori, en mettant précisément en relief les véritables natures historiques qui se sont préoccupées de *ce qui est* pour obéir au contraire, avec une fierté joyeuse, à *ce qui doit être*. Ce qui pousse celles-ci à aller sans cesse de l'avant, ce n'est pas de porter en terre leur génération, mais de fonder une génération nouvelle. Et si ces hommes naissent eux-mêmes, tard-venus dans leur époque, il y a une façon de vivre qui fera oublier leur caractère d'hommes tardifs. Les générations à venir ne les connaîtront alors que comme des premiers-nés.

9.

Notre époque est-elle peut-être une pareille époque de premiers-nés ? De fait, la véhémence de son sens historique est si grande et se manifeste d'une façon si universelle et si absolument illimitée, qu'en cela du moins les époques à venir loueront son caractère d'avant-garde — en admettant toutefois qu'il y ait en général des *époques à venir*, entendues au point de vue de la culture. Mais à ce point de vue précisément une lourde incertitude subsiste. A côté de la fierté de l'homme moderne se dresse son *ironie* à l'égard de lui-même, la conscience qu'il lui faut vivre dans un état d'esprit rétrospectif, inspiré par le soleil couchant, la crainte de ne rien pouvoir reporter sur l'avenir de ses espérances de jeunesse, de ses forces juvéniles. Çà et là, on va plus loin encore, dans le sens du cynisme, et l'on justifie la marche de l'histoire, même toute l'évolution du monde, pour l'ajuster à l'usage de l'homme moderne, selon le canon cynique : On dira qu'il fallait qu'il en fût ainsi, qu'il fallait que les choses allassent comme elles vont aujourd'hui, que l'homme devînt tel que les hommes sont maintenant. Personne n'a le droit de s'opposer à cette nécessité. Celui-là se réfugie dans le bien-être d'un pareil cynisme qui ne peut s'accommoder de l'ironie. C'est à lui que ces dix dernières années offrent, de plus, une de leurs plus belles inventions, c'est une formule complète et arrondie pour ce cynisme. Il appelle sa façon de vivre — façon conforme à l'époque et sans inconvénients — « le complet abandon de la personnalité au processus universel ! » Le personnalité et le processus universel ! Le processus universel et la personnalité de la puce terrestre ! Hélas ! pourquoi faut-il entendre sans cesse l'hyperbole des hyperboles, le mot univers, alors que chacun ne devrait sincèrement parler que de l'homme ! Héritiers des Grecs et des Romains ? Héritiers du christianisme ? Tout cela semble ne pas exister pour ces cyniques. Mais héritiers du processus universel ! Le sens et la solution de toutes les énigmes du devenir, exprimés dans l'homme moderne, le fruit le plus mûr sur l'arbre de la connaissance ! — C'est là ce que j'appelle un sentiment sublime ! Ce signe distinctif permet de reconnaître les premiers-nés de toutes les époques, bien qu'ils soient venus les derniers. Jamais les considérations historiques n'ont poussé si loin leur rôle, pas même en rêve, car maintenant l'histoire de l'homme n'est plus autre chose que la continuation de l'histoire des animaux et des plantes. Même dans les plus obscures profondeurs de la mer, l'universaliste de l'histoire trouve encore, sous forme d'organismes vivants, les traces de lui-même. En s'extasiant, comme s'il s'agissait d'un miracle, devant l'énorme chemin déjà parcouru par l'homme, le regard chavire lorsqu'il contemple ce miracle encore plus surprenant : l'homme moderne lui-même, capable d'embrassser ce chemin d'un seul coup d'œil. L'homme moderne se dresse fièrement sur la pyramide du processus universel. En plaçant au sommet la clef de voûte de sa connaissance, il semble apostropher la nature qui, autour de lui, est aux écoutes et lui dire : « Nous sommes au but, nous sommes le but, nous sommes l'accomplissement de la nature. »

Européen, trop orgueilleux, du dix-neuvième siècle, tu es en démence ! Ton savoir n'est pas l'accomplissement de la nature, il ne fait que tuer ta propre nature. Mesure donc ce que tu sais à l'étiage de ce que tu peux. Il est vrai que tu montes au ciel sur les rayons de soleil de la science, mais tu descends aussi dans le chaos. La façon dont tu marches, la façon dont ton savoir te fait gravir les échelons devient pour toi une fatalité. Le sol cède sous tes pas pour te ramener à l'incertitude. Ta vie n'a plus d'appui, il ne te reste que le mince tissu d'une toile d'araignée et chaque nouvel effort de ta connaissance le déchire. — Mais ne disons plus à ce sujet une seule parole sérieuse, car il vaut mieux plaisanter.

L'éparpillement frénétique et étourdi de tous les principes, la décomposition de ceux-ci en un flux et un reflux perpétuels, l'infatigable *effilochage* et l'*historisation*, par l'homme moderne, de tout ce qui a été, la grande araignée au centre de la toile universelle — cela peut occuper et préoccuper le moraliste, l'artiste, l'homme pieux et peut-être aussi l'homme d'Etat. Nous autres, nous voulons nous contenter de nous en amuser aujourd'hui, en voyant tout cela se refléter dans le splendide miroir magique du *parodiste philosophe*. Chez celui-ci le temps est arrivé à la conscience ironique de lui-même, avec une précision qui va « jusqu'à la scélératesse » (pour employer une expression de Gœthe). Hegel a une fois affirmé que « quand l'esprit fait un soubresaut, nous autres philosophes, nous y sommes intéressés ». Notre époque a fait un soubresaut vers l'ironie de soi-même, et voici, déjà M. Edouard de Hartmann était là pour écrire sa célèbre philosophie de l'inconscient, ou pour parler plus exactement : sa philosophie de l'ironie inconsciente. Rarement nous avons lu une invention plus joyeuse et une friponnerie plus philosophique que celle de Hartmann. Celui que Hartmann n'éclaire pas sur le *devenir*, celui qu'il ne met pas de bonne humeur est vraiment mûr pour n'être plus. Le commencement et le but du processus universel, depuis les premiers balbutiements de la conscience jusqu'au retour dans le néant, y compris la tâche exactement définie de notre génération dans ce processus universel, tout cela représenté comme coulant de la source d'inspiration de l'inconscient, inventée avec tant d'esprit, et rayonnant dans une lumière apocalyptique, tout cela imité à s'y méprendre et avec un sérieux de brave homme, comme si c'était vraiment une philosophie pour de bon et non pas une philosophie pour rire : voilà un ensemble qui prouve que son créateur est un des premiers parodistes philosophiques de tous les temps. Sacrifions donc sur son autel, sacrifions-lui donc, à lui l'inventeur de la véritable médecine universelle, une boucle de cheveux, pour emprunter à Schleiermacher une d'une ses expressions admiratives. Car, quelle médecine serait plus salutaire contre l'excès de culture historique que les parodies de toute histoire universelle écrites par Hartmann?

Si l'on voulait dire sèchement ce que Hartmann proclame du haut du trépier enfumé de l'ironie inconsciente, il faudrait affirmer que, selon lui, notre temps doit être tel qu'il est, pour que l'humanité en ait une fois sérieusement assez de cette existence. Nous le croirions volontiers. Cette effrayante ossification de notre époque, ce fiévreux clapotement de tous les os — tels que David Strauss nous les a décrits naïvement comme la plus belle réalité — Hartmann ne les justifie pas seulement après coup, *ex causis efficientibus*, mais encore d'avance,*ex causa finali*. Depuis le jour du jugement dernier, l'espiègle fait rayonner sa lumière en arrière sur notre temps et il se trouve alors que notre temps est parfait, parfait pour celui qui veut souffrir autant que possible des cruautés de la vie,pour celui qui ne saurait désirer assez vite la venue de ce jour du jugement. Il est ce que Hartmann appelle l'âge dont l'humanité s'approche maintenant, son « âge d'homme ». Mais, si nous en croyons sa propre description, c'est là l'état bienheureux, où il n'y aura plus que de « bonnes médiocrités », où l'art sera « ce qu'est, pour le boursier berlinois, la grosse farce de théâtre », où « les génies ne seront plus un besoin de l'époque, parce que ce serait là jeter les perles devant les pourceaux, ou encore parce que l'époque aura passé de la phase à laquelle convenaient les génies à une phase plus importante », à cette phase de l'évolution sociale où chaque travailleur, « avec un labeur qui lui laisse assez de loisir pour son développement intellectuel, mènera une existence confortable ».

Espiègle de tous les espiègles, tu exprimes le désir de l'humanité actuelle ! Mais tu sais également quel spectre se trouvera à la fin de cet âge viril de l'humanité, comme résultat de ce développement intellectuel vers une bonne médiocrité : le dégoût. Visiblement, tout va au plus mal, mais, dans l'avenir, tout ira plus mal encore, « visiblement l'Antéchrist étend de plus en plus son influence » — mais il *faut* qu'il en soit ainsi, il *faut* que tout cela arrive, car, avec tout cela, nous nous trouvons sur le meilleur chemin vers le dégoût de toute existence. « Donc, allons de l'avant dans le processus universel, en bons travailleurs dans le vignoble du seigneur, car c'est ce processus seul qui peut mener au salut ! »

Le vignoble du Seigneur ! Le processus ! Mener au salut ! Qui donc n'entend pas là la voix de la culture historique, laquelle ne connaît que le mot « devenir », de la culture historique travestie avec intention en une monstrueuse parodie, pour dire, derrière son masque grotesque, les choses les plus folâtres à son propre sujet ? Car que demande en somme ce dernier appel espiègle aux travailleurs dans le vignoble ? Dans quelle tâche doivent-ils bravement aller de l'avant ? Ou, pour poser autrement la question : celui qui possède la culture historique, le moderne fanatique du processus qui nage et se noie dans le fleuve du devenir, que lui reste-t-il à faire, pour cueillir un jour la moisson de ce dégoût, l'exquis raisin de ce vignoble ? — Rien, sinon de continuer à vivre ainsi qu'il a vécu, de continuer à aimer ainsi qu'il a aimé, de continuer à haïr ainsi qu'il a haï, de continuer à lire le journal qu'il a lu jusqu'à présent. Pour lui, il n'existe qu'un seul péché — vivre autrement qu'il a vécu.

Cependant comment il a vécu, une célèbre page imprimée en gros caractères nous l'enseigne, une page écrite en style lapidaire et qui a jeté tous les champions de la culture actuelle dans un ravissement aveugle, dans un fol accès d'enthousiasme, parce qu'ils croyaient lire dans ces phrases leur propre justification, éclairée par une lumière apocalyptique. Car, de chaque individu, l'inconscient parodiste réclame : « l'abandon complet de la personnalité en faveur du processus universel, pour atteindre le but de celui-ci qui est le salut universel ». Ou, avec plus de clarté encore : « L'affirmation de la volonté de vivre est proclamée provisoirement comme la seule chose raisonnable : car c'est seulement par le complet abandon à la vie et à ses douleurs, et non par la lâche renonciation individuelle et par la retraite qu'il y a quelque chose à faire pour le processus universel... » « L'aspiration à la négation personnelle de la volonté est aussi insensée et inutile ou même plus insensée que le suicide... » « Le lecteur qui réfléchit comprendra, sans autres explications, comment s'organiserait une philosophie pratique, érigée sur ces principes, et aussi que cette philosophie ne saurait contenir aucun germe de division, mais qu'elle aboutit à une complète réconciliation avec la vie. »

Le lecteur qui réfléchit comprendra... et pourtant l'on pourrait mal interpréter Hartmann ! Et, comme il est infiniment réjouissant de voir qu'il a été mal compris! Les Allemands actuels seraient-ils particulièrement subtils? Un brave Anglais trouve qu'ils manquent de *delicacy of perception* ; il ose même dire *in the German mind there does seem to be something splay, something blunt-edged, unhandy and infelicitous.* — Le grand parodiste allemand serait-il tenté de protester? Il est vrai que, d'après ses explications, nous approchons de « cet état idéal où l'espèce humaine fera son histoire avec conscience ». Mais il appert que nous sommes encore assez loin de cet état, peut-être plus idéal encore où l'humanité lira le livre de Hartmann avec conscience. Si nous en arrivons là, personne ne laissera plus passer sur ses lèvres le mot « processus universel », sans que ses lèvres ne se mettent à sourire. Car on se souviendra alors du temps où l'on écoutait l'évangile parodiste de Hartmann avec toute la probité de ce *german mind*, même avec « le sérieux contorsionné des hiboux », pour parler avec Gœthe, du temps où non seulement on l'écoutait, où encore on l'absorbait, le combattait, le vénérait, l'étalait et le canonisait.

Il faut cependant que le monde aille de l'avant, son état idéal ne viendra pas en rêve, il faut le conquérir par la lutte, et c'est la joie qui mène au salut, à la délivrance de cet incompréhensible sérieux de hiboux. Il viendra un temps où l'on s'abstiendra sagement de tous les édifices du processus universel et aussi de vouloir faire l'histoire de l'humanité, un temps où l'on ne considérera plus les masses, mais où l'on reviendra aux individus, aux individus qui forment une sorte de pont sur le sombre fleuve du devenir. Ce n'est pas que ceux-ci continuent le processus historique, ils vivent au contraire en dehors des temps, contemporains en quelque sorte, grâce à l'histoire qui permet un tel concours, ils vivent comme cette « république des génies » dont parle une fois Schopenhauer; un géant en appelle un autre, à travers les intervalles déserts des temps, sans qu'ils se laissent troubler par le vacarme des pygmées qui grouillent à leurs pieds, ils continuent leurs hautains colloques d'esprits. C'est à l'histoire qu'appartient la tâche de s'entremettre entre eux, de pousser toujours à nouveau à la création des grands hommes, de donner des forces pour cette création. Non, le *but de l'humanité* ne peut pas être au bout de ses destinées, il ne peut s'atteindre que *dans ses types les plus élevés*.

Il est vrai qu'à cela notre joyeux personnage répond, avec cette dialectique admirable qui est aussi vraie que ses admirateurs sont admirables : « Tout aussi peu qu'il y aurait harmonie avec l'idée de l'évolution si l'on attribuait au processus universel une durée infinie dans le passé, parce qu'alors toute évolution imaginable aurait déjà été parcourue — ce qui n'est pas le cas (ah le coquin !) — tout aussi peu nous pouvons concéder au processus une durée infinie dans l'avenir; dans les deux cas l'idée de l'évolution vers un but serait supprimée (ah, encore une fois, le coquin!) et le processus universel ressemblerait au travail des Danaïdes. Mais la victoire complète de la logique sur l'illogisme (ah coquin des coquins!) doit correspondre à la fin terrestre du processus universel, au jour du jugement. »

Non, esprit clair et moqueur, tant que l'illogisme règne encore comme aujourd'hui, tant qu'il pourra par exemple être parlé encore, comme tu fais, de « processus universel », avec l'assentiment général, le jour du jugement sera encore loin. Car on se réjouit encore trop sur cette terre, plus d'une illusion fleurit encore, par exemple l'illusion que se font tes contemporains à ton sujet; nous sommes loin d'être assez mûrs pour retomber dans ton néant, car nous croyons que ce sera encore plus gai ici-bas quand une fois on aura commencé à te comprendre, toi l'Inconscient incompris. Si pourtant le dégoût devait venir impétueusement, tel que tu l'as prophétisé à tes lecteurs, si tu devais garder raison avec tes descriptions du présent et de l'avenir — et personne ne les a méprisés tous deux, ne les a méprisés autant que toi, jusqu'au dégoût, — je serais tout prêt à voter avec la majorité, d'après la formule préconisée, une motion proposant que samedi soir, à minuit exactement, ton univers devra disparaître. Et que notre décret se termine par cette conclusion : à partir de demain, le temps n'existera plus et tous les journaux cesseront de paraître. Mais il se peut fort bien que notre démarche soit sans effet et que nous ayons décrété en vain. Eh bien alors, nous ne manquerons du moins pas de temps pour faire une plus belle expérience. Nous prendrons une balance et nous mettrons sur l'un des plateaux l'inconscient de Hartmann, sur l'autre le processus universel de Hartmann. Il y a des gens qui prétendent que, des deux côtés, nous aurions le même poids, car dans les deux plateaux, il resterait un mot, tous deux également mauvais, et une plaisanterie, toutes deux également bonnes. Quand une fois la plaisanterie de Hartmann aura été comprise, personne ne se servira plus du mot de Hartmann sur le « processus universel », autrement que pour... plaisanter. De fait, il est grandement temps d'entrer en campagne, avec le ban et l'arrière-ban des méchancetés satiriques, contre les débauches du sens historique, contre le goût excessif pour le processus, au détriment de l'être et de la vie, contre le déplacement insensé de toutes les perspectives. Et, il faut le dire à la louange de l'auteur de la *Philosophie de l'inconscient*, il a réussi à sentir violemment ce qu'il y a de ridicule dans la conception du « processus universel » et à le faire sentir plus violemment encore par le sérieux particulier de son exposition. A quoi sert le « monde », à quoi sert l' « humanité »? Cela ne doit provisoirement pas nous préoccuper, à moins que nous ne voulions nous amuser d'une petite plaisanterie; car la présomption des petits reptiles humains est ce qu'il y a de plus drôle et de plus joyeux sur le théâtre de la vie. Mais à quoi tu sers, toi, l'individu! demande-le-toi, et si personne d'autre ne peut te le dire, essaye donc de justifier le sens de ton existence, en quelque sorte *a posteriori*, en t'imposant à toi-même un but, un « service » supérieur et noble. Que ce service te fasse périr! Je ne connais pas de meilleur but dans la vie que de se briser contre le sublime et l'impossible, *animæ magnæ prodigus.* Si, par contre, les idées du devenir souverain, de la fluidité de toutes les conceptions, de tous les types et de toutes les espèces, de l'absence de toute diversité entre l'homme et la bête — doctrines que je tiens pour vraies, mais pour mortelles, — avec la folie de l'enseignement qui règne aujourd'hui, sont jetés au peuple pendant une génération encore, personne ne devra s'étonner, si le peuple périt d'égoïsme et de mesquinerie, ossifié dans l'unique préoccupation de lui-même. Il commencera par s'effriter et par cesser d'être un peuple. A sa place, nous verrons peut-être apparaître, sur la scène de l'avenir, un enchevêtrement d'égoïsmes individuels, de fraternisations en vue de l'exploitation rapace de ceux qui ne sont pas des « frères », et d'autres créations semblables de l'utilitarisme commun.

Pour préparer ces créations, il suffira de continuer à écrire l'histoire au point de vue des masses et de chercher, dans l'histoire, ces lois que l'on peut déduire des besoins de ces masses, c'est-à-dire les mobiles des couches les plus basses du limon social. Pour ma part, les masses ne me semblent mériter d'attention qu'à trois points de vue. Elles sont d'une part des copies diffuses des grands hommes, exécutées sur de mauvais papier et avec des plaques usées ; elles sont ensuite la résistance que rencontrent les grands et enfin les instruments dans la main des grands. Pour le reste, que le diable et la statistique les emportent! Comment, la statistique démontrerait-elle qu'il y a des lois dans l'histoire ? Des lois ? Certes, elle montre combien la masse est vulgaire et uniforme jusqu'à la répugnance. Faut-il appeler lois les effets des forces de gravité que sont la bêtise, la singerie, l'amour et la faim ? Fort bien ! Convenons-en ! Mais alors une chose est certaine, c'est que, pour autant qu'il y a des lois dans l'histoire, ces lois ne valent rien et l'histoire ne vaut pas davantage.

Mais c'est précisément cette façon d'écrire l'histoire qui jouit maintenant d'un renom universel, la façon qui considère les grandes impulsions de la masse comme ce qu'il y a de plus important et de plus essentiel dans l'histoire et qui tient tous les grands hommes simplement pour l'expression la plus parfaite de la masse, la petite bulle d'air qui devint visible dans l'écume des flots. C'est la masse qui devrait engendrer de son propre sein ce qui est grand, l'ordre devrait naître du chaos? On finit alors généralement par entonner l'hymne à la louange de la masse qui engendre. Et l'on appelle « grand » tout ce qui, pendant un certain temps, a remué la masse, tout ce qui a été, comme on dit, « une puissance historique ». Mais n'est-ce pas là confondre volontairement la quantité avec la qualité? Quand une masse grossière a trouvé qu'une idée quelconque, par exemple une idée religieuse, était bien adéquate à elle-même, quand elle l'a défendue âprement et l'a traînée après elle pendant des siècles, alors, et alors seulement, l inventeur et le créateur de cette idée sera considéré comme grand. Pourquoi donc? Ce qu'il y a de plus noble et de plus sublime n'agit pas du tout sur les masses. Le succès historique du christianisme, sa puissance, son endurance, sa durée historique, tout cela ne démontre heureusement rien, pour ce qui en est de la grandeur de son fondateur et serait, en somme, plutôt fait pour être invoqué contre lui. Entre lui et ce succès historique, se trouve une couche obscure et très terrestre de puissance, d'erreur, de soif de passions et d'honneurs, se trouvent les forces de l'empire romain qui continuent leur action, une couche qui a procuré au christianisme son goût de la terre, son reste terrestre. Ces forces qui rendirent possible la continuité du christianisme sur cette terre et lui donnèrent en quelque sorte sa stabilité. La grandeur ne doit pas dépendre du succès et Démosthène a de la grandeur bien qu'il n'eût point de succès.

Les adhérents les plus purs et les plus véridiques du christianisme ont toujours mis en doute son succès temporel, ce que l'on a appelé sa « puissance historique » ; ils ont plutôt entravé ce succès qu'ils ne l'ont accéléré. Car ils avaient coutume de se placer en dehors du « monde », ne s'occupant point du « processus des idées chrétiennes »,c'est pourquoi, la plupart du temps, ils sont demeurés, dans l'histoire, parfaitement inconnus. Pour m'exprimer au point de vue chrétien, je dirai que le diable gouverne le monde et qu'il est le maître du succès et du progrès. Dans toutes les puissances historiques, il est la véritable puissance, et, en somme, il en sera toujours ainsi, bien qu'il soit désagréable de se l'entendre dire, pour une époque habituée à diviniser le succès et la puissance historique. Car notre époque s'est précisément exercée à appeler les choses d'un nouveau nom et à débaptiser le diable lui-même. Nous nous trouvons certainement à l'heure d'un grand danger : les hommes semblent prêts à découvrir que l'égoïsme des individus, des groupes et des masses a été de tous temps, le levier des mouvements historiques. Mais, en même temps, on n'est nullement inquiété par cette découverte et l'on décrète que l'égoïsme doit être notre dieu. Avec cette foi nouvelle, on s'apprête, sans dissimuler ses intentions, à édifier l'histoire future sur l'égoïsme, on exige seulement que ce soit un égoïsme sage, un égoïsme qui s'impose quelques restrictions pour jeter des bases solides, un égoïsme qui étudie l'histoire précisément pour apprendre à connaître l'égoïsme peu sage. Cette étude a permis d'apprendre qu'à l'Etat incombe une mission toute particulière dans ce système universel de l'égoïsme qui est à fonder. L'Etat doit devenir le patron de tous les égoïsmes sages, pour protéger ceux-ci, par sa puissance militaire et policière, contre les excès de l'égoïsme peu sage. C'est pour réaliser le même but que l'histoire — sous forme d'histoire des hommes et d'histoire des animaux — est introduite soigneusement dans les couches populaires et dans les masses ouvrières, lesquelles sont dangereuses parce que sans raison, car l'on sait qu'un petit grain de culture historique est capable de briser les instincts et les appétits obscurs, ou de les amener dans la voie de l'égoïsme affiné.

En résumé, pour parler avec Ed. de Hartmann, l'homme a maintenant « égard à une installation pratique et habitable de la patrie terrestre qui envisage l'avenir avec circonspection ». Le même écrivain dénomme une semblable période « l'âge viril de l'humanité », et ainsi il se moque de ce que l'on appelle aujourd'hui « homme », comme si par là il fallait seulement entendre l'égoïste désabusé. Il prophétise, de même, qu'après un pareil âge d homme, viendra un âge de vieillesse qui le complétera, mais cette prophétie a visiblement le but d'accabler de ses lazzis nos vieillards actuels, car il parle de la maturité contemplative qu'ils mettent « à passer en revue les souffrances et les sombres orages de leur vie passée et la vanité de ce qu'ils considéraient jusqu'à présent comme le but de leurs efforts ».

Non, à l'âge viril d'un pareil égoïsme astucieux et de culture historique correspond une vieillesse attachée à la vie, avec une avidité répugnante et sans dignité, et, enfin, comme dernier acte qui termine « cette histoire singulièrement accidentée, ainsi qu'une seconde enfance, l'oubli complet, sans yeux, sans dents, sans goût et le reste ».

De quelque côté que viennent les dangers pour notre vie et notre civilisation, que ce soit de ces vieillards sauvages, privés de dents et de goût, ou de ces êtres qu'Hartmann dénomme des « hommes », en face de tous deux, nous voulons tenir à pleines dents aux droits de notre jeunesse, et ne pas nous lasser de défendre l'avenir, dans notre jeunesse, contre ces iconoclastes qui veulent briser les images de l'avenir. Mais cette lutte nous fait faire une constatation particulièrement grave : *On active, on encourage et l'on utilise avec intention les dé-*

bauches du sens historique dont souffre le présent.

Et, ce qui est plus grave, on l'utilise contre la jeunesse, pour dresser celle-ci à cette maturité de l'égoïsme vers quoi l'on tend partout, on l'utilise pour briser la répugnance naturelle de la jeunesse par une explication lumineuse, c'est-à-dire scientifico-magique de cet égoïsme, à la fois viril et peu viril. On sait de quoi est capable l'histoire, quand on lui donne une certaine prépondérance, on ne le sait que trop ! Elle extirpe les instincts les plus violents de la jeunesse, la fougue, l'esprit d'indépendance, l'oubli de soi, la passion ; elle tempère l'ardeur de son sentiment de justice; elle étouffe ou elle refoule le désir d'arriver lentement à la maturité par le désir contraire d'être bientôt prêt, d'être bientôt utile, d'être bientôt fécond; elle corrode, par le poison du doute, la sincérité et l'audace du sentiment. Oui, elle s'entend même à frustrer la jeunesse de son plus beau privilège, à lui enlever sa. force d'accepter une grande idée, dans un élan de foi débordante, de faire naître du fond d'elle-même une idée plus grande encore.

L'excès des études historiques est capable de tout cela, nous l'avons vu, car cet excès déplace sans cesse, chez l'homme, les perspectives, transforme l'horizon, supprime l'atmosphère dont il est entouré, ce qui ne permet plus à l'homme d'agir et de sentir au point de vue *non-historique*. L'homme abandonne dès lors l'horizon infini, pour se retirer en lui-même, dans le plus petit cercle égoïste, où il se dessèche. Il parviendra peut-être à l'habileté, jamais à la sagesse. Il laisse alors composer avec lui, il compte avec les faits dont il s'accommode, il ne s'emporte plus avec colère, mais il cligne de l'œil et s'entend à chercher son propre avantage ou l'avantage de son parti, dans l'avantage ou le préjudice des autres. Il désapprend la honte superflue et devient ainsi, petit à petit, ce que Hartmann appelle l'« homme », ce que Hartmann appelle le « vieillard ».

Mais *on veut* qu'il devienne ainsi ; c'est là le sens de ce « plein abandon de la personnalité au processus universel » que l'on réclame avec tant de cynisme — on le veut, à cause de son but qui est la délivrance du monde, comme nous l'affirme Ed. de Hartmann, l'espiègle. Or, la volonté et le but de ces « hommes », de ces « vieillards » de Hartmann, peut être difficilement la délivrance du monde, car certainement le monde serait délivré, s'il était délivré de ces hommes et de ces vieillards. Car alors commencerait le règne de la jeunesse. —

10.

En cet endroit, songeant à la jeunesse, je m'écrie : Terre ! Terre ! C'en est assez et plus qu'assez des recherches passionnées, des voyages à l'aventure, sur les mers sombres et étrangères ! Enfin la côte apparaît. Quelle que soit cette côte, c'est là qu'il faut atterrir, et le plus mauvais port de fortune vaut mieux que le retour dans l'infini sceptique et sans espoir. Tenons-nous-en toujours à la terre ferme; plus tard nous trouverons déjà les ports hospitaliers et, à ceux qui viendront, nous faciliterons l'abordage.

Ce voyage a été dangereux et irritant. Combien nous sommes maintenant loin de la tranquille contemplation que nous mettions au début à regarder nos navires voguer vers le large! Suivant à la piste les dangers de l'Histoire, nous avons été sans cesse exposés à en recevoir les coups. Nous-mêmes, nous portons les traces des souffrances qui ont accablé les hommes des temps modernes, par suite de l'excès des études historiques, et ce traité-ci, avec sa critique immodérée, la verdeur de son humanité, ses sauts fréquents de l'ironie au cynisme, de la fierté au scepticisme, montre bien, je ne voudrais pas le cacher, qu'il porte l'empreinte moderne, le caractère de la personnalité faible. Et pourtant, j'ai confiance en la puissance inspiratrice qui, à défaut d'un génie, conduit ma barque, j'ai confiance en la *jeunesse* et je crois qu'elle m'a bien guidé en me poussant maintenant à écrire une *protestation contre l'éducation historique que les hommes modernes donnent à la jeunesse*. En protestant, j'exige que l'homme apprenne avant tout à vivre et qu'il n'utilise l'histoire qu'*au service de la vie apprise*.

Il faut être jeune pour comprendre cette protestation, et, avec la tendance à grisonner trop tôt, qui est le propre de notre jeunesse actuelle, on saurait à peine être assez jeune pour sentir contre quoi ici l'on proteste en somme.

Pour mieux me faire comprendre, je veux me servir d'un exemple. En Allemagne, il y a à peine plus d'un siècle s'éveilla, chez quelques jeunes gens, l'instinct naturel de ce que l'on appelle la poésie. S'imagine-t-on peut-être que la génération qui précéda celle-ci ne parla pas du tout, en son temps, d'un art dont la compréhension lui manquait et qui lui était étranger? On sait que ce fut tout le contraire. On réfléchissait, discutait et écrivait alors tant que l'on pouvait au sujet « de la poésie », mais ce n'étaient là que des mots, des mots, des mots, gaspillés pour parler de mots. Ce réveil d'un mot à la vie n'entraîna pas, de prime abord, la fin de ces faiseurs de mots; en un certain sens ils vivent aujourd'hui encore. Car si, comme le dit Gibbon, il ne faut que du temps, mais beaucoup de temps pour faire périr un mot, il ne faut également que du temps, mais beaucoup plus de temps encore, pour faire périr, en Allemagne, le « pays du peu à peu », une fausse conception. Quoi qu'il en soit, il y a peut-être actuellement cent hommes de plus qu'il y a cent ans qui savent ce que c'est que la poésie; peut-être que dans cent ans il y en aura encore cent de plus qui, d'ici là, auront appris ce que c'est que la culture et qui sauront que jusqu'à présent les Allemands n'ont pas eu de culture, quoi qu'ils en disent et quelle que soit la fierté dont ils fassent parade. A ceux-là la satisfaction générale que cause aux Allemands leur *Bildung* paraîtra tout aussi incroyable et niaise qu'à nous la « classicité » autrefois reconnue à Gottsched (1) ou l'estime dont jouissait Ramler (2) que l'on qualifiait du titre de « Pindare allemand ». Ils jugeront peut-être que cette culture n'a été qu'une façon de science de la culture, et de plus une science très fausse et très superficielle. Fausse et superficielle, parce que l'on supportait la contradiction entre la science et la vie, parce que l'on ne s'apercevait même pas de ce qu'il y avait de caractéristique dans la civilisation des peuples qui possèdent véritablement une culture. La culture ne peut naître, croître et s'épanouir que dans la vie, tandis que, chez les Allemands, on l'épingle comme une fleur de papier, on s'en couvre, comme d'une couche de sucre, ce qui fait qu'elle reste toujours mensongère et inféconde.

Mais l'éducation de la jeunesse en Allemagne

(1) Le poète J. Ch. Gottsched naquit dans un village près de Kœnigsberg, en 1700, et mourut à Leipzig en 1766. Selon lui la poésie n'avait sa source que dans la raison et atteignait sa perfection par la connaissance approfondie des règles de prosodie. (N. d. T.)

(2) K. W. Ramler (1725-1798) fut professeur de belles-lettres à Berlin. Il composa des odes dans une langue que les contemporains jugeaient très pure. Il fut lié avec Lessing, qui appréciait son esprit critique. (N. d. T.)

part précisément de cette conception fausse et inféconde de la culture. Son but, si on l'imagine pur et élevé, n'est pas du tout l'homme cultivé et libre, mais le savant, l'homme scientifique, plus exactement l'homme scientifique qui se rend utile aussitôt que possible, qui reste en dehors de la vie, pour connaître très exactement la vie ; son résultat, si l'on se place au point de vue vulgaire et empirique, c'est le philistin cultivé, le philistin esthético-historique ; c'est le grand bavard vieux jeune et jeune vieux qui vaticine au sujet de l'Etat, de l'Eglise, de l'Art ; c'est un sensorium de mille impressions de seconde main ; c'est un estomac repu qui ne sait pas encore ce que c'est que d'avoir véritablement faim, véritablement soif. Qu'une pareille éducation, avec de semblables buts et de semblables résultats, est contre nature, celui-là seul peut le sentir qui n'est pas encore arrivé à la fin, qui possède encore l'instinct de la nature, mais que cette éducation brisera artificiellement et brutalement. Celui, cependant, qui, à son tour, voudra briser cette éducation, devra être le porte-parole de la jeunesse, éclairer la répugnance inconsciente de celle-ci avec la lumière de ses conceptions et l'amener à une conscience qui parle haut et clair. Mais comment atteindre un but aussi étrange ?

Avant tout en détruisant une superstition, la croyance à la *nécessité* de cette éducation. Ne croirait-on pas qu'il n'y a pas d'autre possibilité que notre fâcheuse réalité d'aujourd'hui? Que l'on prenne donc la peine d'examiner les ouvrages pédagogiques employés dans l'enseignement supérieur durant les dix dernières années. On s'apercevra, avec étonnement et déplaisir, combien, malgré toutes les variations dans les programmes, malgré la violence des contradictions, les intentions générales de l'éducation sont uniformes, combien l'« homme cultivé », tel qu'on l'entend aujourd'hui, est considéré, sans hésitation, comme le fondement nécessaire et raisonnable de toute éducation future. Voici, à peu près, les termes de ce canon uniforme : le jeune homme commencera son éducation en apprenant ce que c'est que la culture, il n'apprendra pas ce que c'est que la vie, à plus forte raison, il ignorera l'expérience de la vie. Cette science de la culture sera infusée au jeune homme sous forme de science historique, c'est-à-dire que son cerveau sera rempli d'une quantité énorme de notions tirées de la connaissance très indirecte des époques passées et des peuples évanouis et non pas de l'expérience directe de la vie. Le désir du jeune homme d'apprendre quelque chose par lui-même et de faire grandir en lui un système vivant et complet d'expériences personnelles, un tel désir est assourdi et, en quelque sorte, grisé par la vision d'un mirage opulent, comme s'il était possible de résumer en soi, en peu d'années, les connaissances les plus sublimes et les plus merveilleuses de tous les temps et en particulier des plus grandes époques. C'est la même méthode extravagante qui conduit nos jeunes artistes dans les cabinets d'estampes et les galeries de tableaux, au lieu de les entraîner dans les ateliers des maîtres et avant tout dans le seul atelier du seul maître, la nature. Comme si, en promeneur hâtif dans les jardins de l'histoire, on pouvait apprendre des choses du passé, leurs procédés et leurs artifices, leur véritable revenu vital. Comme si la vie elle-même n'était pas un métier qu'il faut apprendre à fond, qu'il faut réapprendre sans cesse, qu'il faut exercer sans ménagement, si l'on ne veut pas qu'elle donne naissance à des mazettes et à des bavards !

Platon tenait pour nécessaire que la première génération de sa nouvelle société (dans l'Etat parfait) fût élevée à l'aide d'un vigoureux *mensonge pieux* ; les enfants devaient apprendre à croire qu'ils avaient tous déjà vécu en rêve sous terre, pendant un certain temps, et qu'ils y avaient été pétris et formés par le maître de la nature. Impossible de s'insurger contre ce passé, impossible de l'opposer à l'œuvre des dieux. Une loi inviolable de la nature affirme que celui qui est né philosophe a de l'or dans son corps, s'il est né garde ce sera de l'argent, s'il est né ouvrier, du fer et de l'airain. De même qu'il n'est pas possible de mêler ces métaux, explique Platon, de même il serait à jamais impossible de renverser l'ordre des castes. La foi en la *vérité éternelle* de cet ordre est le fondement de la nouvelle éducation et par là du nouvel Etat. — De même, l'Allemand moderne croit en la *vérité éternelle* de son éducation et de sa façon de culture. Et pourtant cette croyance tombe en ruine, comme l'Etat platonicien serait tombé en ruine, quand on oppose au pieux mensonge une pieuse vérité, à savoir que l'Allemand n'a pas de culture parce que, en vertu de son éducation, il ne peut pas en avoir. Il veut la fleur sans la racine et la tige; c'est donc en vain qu'il la veut. C'est là la vérité pure, une vérité désagréable et brutale, une vraie vérité pieuse.

Mais, dans cette vérité pieuse, notre *première génération doit être élevée*. Elle lui fera certainement endurer de grandes souffrances, car, par cette vérité, cette génération doit s'élever elle-même, s'élever elle-même contre elle-même, vers une nouvelle habitude et une nouvelle nature, en sortant d'une première nature et d'une vieille habitude. En sorte qu'elle pourrait se répéter le proverbe espagnol : *Defienda me Dios de mi :* que Dieu me garde de moi-même, c'est-à-dire de ma nature inculquée. Il faut qu'elle absorbe cette vérité, goutte à goutte, comme une médecine amère et violente. Et chaque individu de cette génération devra se surmonter pour porter sur lui-même un jugement qu'il supporterait plus aisément, s'il touchait d'une façon générale une époque tout entière : nous sommes sans éducation; plus encore : nous sommes devenus inaptes à vivre, à voir et à entendre d'une façon simple et juste, à saisir avec bonheur ce qu'il y a de plus naturel, et jusqu'à présent nous ne possédons pas même la base d'une culture, parce que nous ne sommes pas persuadés qu'au fond de nous-mêmes nous possédons une vie véritable. Emietté et éparpillé çà et là; décomposé, en somme, presque mécaniquement, en une partie intérieure et une partie extérieure; parsemé de concepts comme de dents de dragons, engendrant des dragons-concepts; souffrant de plus de la maladie des mots; défiant de toute sensation personnelle qui n'a pas encore reçu l'estampille des mots; fabrique inanimée, et pourtant étrangement active, de mots et de concepts, tel que je suis j'ai peut-être encore le droit de dire de moi : *je pense, donc je suis*, mais non point : *je vis, donc je pense.* L'« être » vide m'est garanti, non point la « vie » pleine et verdoyante. Ma sensation primitive me démontre seulement que je suis un être pensant, mais non point que je suis un être vivant, que je ne suis pas un *animal*, mais tout au plus un *cogital*. Donnez-moi d'abord de la vie et je saurai vous en faire une culture! — C'est le cri que poussera chaque individu de cette première génération. Et tous les individus se reconnaîtront les uns les autres à ce cri. Qui donc voudra leur donner cette vie?

Ce ne sera ni un dieu ni un homme : mais seulement leur propre *jeunesse*. Déchaînez-la et, par elle, vous aurez délivré la vie. Car la vie était seulement cachée et emprisonnée, elle n'est pas encore desséchée et flétrie — demandez-le donc à vous-mêmes !

Mais elle est malade, cette vie déchaînée, et il faut la guérir. Elle est minée par bien des maux et ce n'est pas seulement le souvenir de ses chaînes qui la fait souffrir. Elle souffre, et c'est là surtout ce qui nous regarde ici, elle souffre de la *maladie historique*. L'excès des études historiques a affaibli la force plastique de la vie, en sorte que celle-ci ne sait plus se servir du passé comme d'une nourriture substantielle. Le mal est terrible, et, pourtant, si la jeunesse ne possédait pas le don clairvoyant de la nature, personne ne saurait que c'est un mal et qu'un paradis de santé a été perdu. Mais cette même jeunesse devine aussi, avec l'instinct curatif de la même nature, comment ce paradis peut être reconquis. Elle connaît les baumes et les médicaments contre la maladie historique, contre l'excès des études historiques. Comment s'appellent donc ces baumes et ces médicaments?

Eh bien! que l'on ne s'étonne pas s'ils ont des noms de poisons. Les contre-poisons pour ce qui est historique c'est le *non-historique* et le *supra-historique*. Avec ces mots nous revenons aux débuts de notre considération et à son point d'appui.

Par le mot «non-historique »,je désigne l'art et la

force de pouvoir oublier et de s'enfermer dans un *horizon* limité. J'appelle « supra-historiques » les puissances qui détournent le regard du devenir, vers ce qui donne à l'existence le caractère de l'éternel et de l'identique, vers l'*art* et la *religion*. La *science* — car c'est elle qui parlerait de poisons — la science voit dans cette force, dans ces puissances, des puissances et des forces adverses, car elle considère seulement comme vrai et juste l'examen des choses, c'est-à-dire l'examen scientifique, qui voit partout un devenir, une évolution historique et non point un être, une éternité. Elle vit en contradiction intime avec les puissances éternisantes de l'art et de la religion, autant qu'elle déteste l'oubli, la mort du savoir, cherchant à supprimer les bornes de l'horizon, pour jeter l'homme dans la mer infinie et illimitée, la mer aux vagues lumineuses, du devenir reconnu.

Si du moins il pouvait y vivre ! De même qu'un tremblement de terre dévaste et désole les villes, de sorte que c'est avec angoisse que les hommes édifient leur demeure sur le sol volcanique, de même la vie elle-même s'effondre, s'affaiblit et perd courage, quand le *tremblement de concepts* que produit la science enlève à l'homme la base de toute sa sécurité, de tout son calme, sa foi en tout ce qui est durable et éternel. Or, la vie doit-elle dominer la connaissance et la science, ou bien la connaissance doit-elle dominer la vie ? Laquelle des deux puissances est la puissance supérieure et déterminante? Personne n'aura de doutes, la vie est la puissance supérieure et dominatrice, car la connaissance, en détruisant la vie, se serait en même temps détruite elle-même. La connaissance présuppose la vie, elle a donc, à la conservation de la vie, le même intérêt que tout être a à sa propre continuation. Dès lors la connaissance a besoin d'une instance et d'une surveillance supérieures; une *thérapeutique de la vie* devrait se placer immédiatement à côté de la science, et l'une des règles de cette thérapeutique devrait enseigner précisément : l'anti-historique et le supra-historique sont les antidotes naturels contre l'envahissement de la vie par l'histoire, contre la maladie historique. Il est possible que nous qui sommes malades de l'histoire nous ayons aussi à souffrir des antidotes. Mais ce n'est pas là une preuve contre la justesse du traitement choisi.

Et ici je reconnais la mission de cette *jeunesse*, de cette première génération de lutteurs et de tueurs de serpents qui souhaite une culture et une humanité plus heureuses et plus belles, sans posséder plus qu'un pressentiment de ce bonheur futur, de cette beauté de l'avenir. Cette jeunesse souffrira à la fois du mal et de l'antidote. Et pourtant, elle croit pouvoir se vanter de posséder une santé plus vigoureuse et, en général, une nature plus naturelle, que la génération qui la précède, celle des « hommes » et des « vieillards » cultivés d'à présent. Mais sa mission, c'est d'ébranler les notions de « santé » et de « culture » que possède ce présent et d'engendrer la moquerie et la haine contre ce monstre de concept hybride. Le signe distinctif et annonciateur de sa propre santé vigoureuse, devra être précisément que cette jeunesse ne pourra se servir, pour déterminer sa nature, d'aucune conception, d'aucun terme de cotterie en usage dans le langage courant d'aujourd'hui, mais qu'elle se contentera d'être persuadée de sa puissance active et combative, de sa puissance d'élimination et de division et qu'elle affichera un sentiment de la vie, à toute heure plus intense. On peut contester que cette jeunesse possède déjà de la culture — mais pour quelle jeunesse ce serait-il là un reproche? On peut lui reprocher de la rudesse et de l'intempérance, mais elle n'est pas encore assez vieille et sage pour se modérer. Avant tout, elle n'a pas besoin de feindre et de défendre une culture achevée et elle jouit de toutes les consolations et de tous les privilèges de la jeunesse, avant tout du privilège de la loyauté brave et téméraire et de la consolation enthousiasmée de l'espérance.

Ces jeunes gens qui espèrent, je sais qu'ils comprennent de près toutes ces généralités et que leurs propres expériences leur permettront de les traduire en une doctrine personnelle. Que les autres se contentent, en attendant, de n'apercevoir que des vases fermés qu'ils pourraient bien croire vides, jusqu'à ce qu'ils voient de leurs propres yeux surpris que ces vases sont pleins et que des haines, des revendications, des instincts vitaux, des passions étaient enclos et resserrés dans ces généralités et que ces sentiments ne pouvaient pas rester longtemps cachés. Renvoyant ces incrédules au temps qui fait tout venir au jour, je m'adresse pour conclure à cette société de ceux qui espèrent, pour leur raconter, en une parabole, la marche de leur guérison, leur délivrance de la maladie historique, et par là leur propre histoire jusqu'au moment où ils seront de nouveau assez bien portants pour pouvoir recommencer à faire de l'histoire, pour se servir du passé à ce triple point de vue, au point de vue monumental, antiquaire ou critique. Parvenus à ce moment, ils seront plus ignorants que les gens « cultivés » du présent, car ils auront beaucoup désappris et auront même perdu toute envie de jeter encore un regard vers ce que ces gens cultivés veulent savoir avant tout. Ce qui les distingue c'est précisément, si l'on se place au point de vue de ces gens cultivés, leur indocilité, leur indifférence, leur réserve à l'égard de bien des choses célèbres et même de certaines bonnes choses. Mais, arrivés à ce point final de leur guérison, ils seront redevenus des *hommes* et ils auront cessé d'être des agrégats qui ressemblent seulement à des hommes. Et c'est déjà quelque chose! Voici encore des espoirs! Votre cœur ne déborde-t-il pas de joie, vous qui espérez?

Et comment arrivons-nous à ce but ? me demanderez-vous. Le dieu delphique vous jette, dès le début de votre voyage vers ce but, sa sentence : « Connais-toi toi-même ! » C'est une douce sentence, car ce dieu « ne cache point et ne proclame point, mais ne fait qu'indiquer », comme a dit Héraclite. Où donc vous conduit-il ?

Il y a eu des siècles où les Grecs se trouvaient exposés à un danger analogue au nôtre, au danger d'être envahi par ce qui appartient à l'étranger et au passé, au danger de périr par l'« histoire ». Jamais ils n'ont vécu dans une fière exclusivité. Leur culture fut, tout au contraire, longtemps un chaos de formes et de conceptions exotiques, sémitiques, babyloniennes, lydiennes et égyptiennes, et leur religion une véritable guerre des dieux de tout l'Orient, de même qu'aujourd'hui la « culture allemande » et sa religion sont un chaos agité, dans une lutte perpétuelle, de tout l'étranger, de tout le passé. Or, malgré cela, la culture hellénique ne devint pas un agrégat, grâce à leur sentence apollinienne. Les Grecs apprirent peu à peu à *organiser le Chaos*, en se souvenant, conformément à la doctrine delphique, d'eux-mêmes, c'est-à-dire de leurs besoins véritables, en laissant dépérir les besoins apparents. C'est ainsi qu'ils rentrèrent en possession d'eux-mêmes. Ils ne restèrent pas longtemps les héritiers surchargés et les épigones de tout l'Orient ; ils devinrent, après une lutte difficile contre eux-mêmes, par l'interprétation pratique de cette sentence, les heureux héritiers de ce trésor, sachant l'augmenter et le faire fructifier, précurseurs et modèles de tous les peuples civilisés à venir.

Ceci est un symbole pour chacun de nous. Il faut qu'il organise le chaos qui est en lui, en faisant un retour sur lui-même pour se rappeler ses véritables besoins. Sa loyauté, son caractère sérieux et véridique s'opposeront à ce que l'on se contente de répéter, de réapprendre et d'imiter. Il apprendra alors à comprendre que la culture peut être autre chose encore que la *décoration de la vie*, ce qui ne serait encore, au fond, que de la simulation et de l'hypocrisie. Car toute parure cache ce qui est paré.

Ainsi se révélera à ses yeux la conception grecque de la culture — en opposition à la culture romane — la conception de la culture, comme d'une nouvelle nature, d'une nature améliorée, sans intérieur et extérieur, sans simulation et sans convention, de la culture comme d'une harmonie entre la vie et la pensée, l'apparence et la volonté. C'est ainsi qu'il apprendra, par sa propre expérience, que ce fut la force supérieure de la nature *morale* qui permit aux Grecs de vaincre toutes les autres cultures, et qu'il apprendra que toute augmentation de la véracité doit servir aussi à préparer et à activer la vraie civilisation, lors même que cette véracité pourrait nuire sérieusement à la discipline qui, dans le moment, jouit de l'estime générale, lors même qu'elle aiderait à renverser une culture purement décorative.

NOTES

—

Nietzsche emploie pour la première fois l'expression « inactuel » dans une lettre qu'il écrivit, au cours de l'été, en 1869. Il y décrit Wagner : « Nous le voyons devant nous, enraciné par sa propre force, le regard élevé au-dessus de tout ce qui est éphémère, inactuel dans le meilleur sens du terme. » Mais c'est seulement quand Nietzsche revint de Bayreuth, au commencement de mai 1873, profondément chagriné et indigné par l'indifférence des Allemands à l'égard de l'art wagnérien et de l'entreprise de Bayreuth, que ce mot devint une sorte d'enseigne déployée. Le philosophe voulut soulager son cœur et manifester son indignation en écrivant *les Considérations inactuelles*.

La série de ces traités fut close par le quatrième, *Richard Wagner à Bayreuth*, bien que l'auteur se fût proposé d'en rédiger au moins treize. Certains projets qui ont été conservés en indiquent même vingt-quatre.

En mars 1874, après l'apparition de la seconde *Considération inactuelle*, Nietzsche écrivit : « Je sais bien que mes effusions sont celles d'un dilettante qui manque quelque peu de maturité, mais, pour moi, il importe avant tout d'amener au jour tout ce qui a un caractère polémique et négatif. Je veux commencer par parcourir toute l'échelle de mes inimitiés, de haut en bas, et d'une façon assez excessive pour que la voûte en retentisse. Plus tard, dans cinq ans, je jetterai loin de moi toute polémique et je songerai à une « bonne œuvre ». Aujourd'hui j'ai la poitrine trop oppressée par la répugnance et l'affliction. Il faut que cela sorte, bon gré mal gré, pourvu que cela soit définitif. J'ai encore à chanter onze de ces mélodies. »

Le pamphlet contre David Strauss fut ébauché rapidement et rédigé à Bâle depuis la fin du mois d'avril jusqu'au mois de mai 1873. En juillet il fut imprimé chez C. G. Naumann et édité en août par E. W. Fritzsch à Leipzig sous le titre de : *Considérations inactuelles. Première partie. David Strauss, sectateur et écrivain* (1873).

Nietzsche semble avoir songé à changer le titre de cette Considération ; il la désigne du moins, dans la liste de ses ouvrages, publiée sur la couverture de *la Généalogie de la morale,* en 1887, de la façon suivante : *David Strauss et autres philistins.* Le terme « philistin de la culture », créé par le philosophe, était devenu d'un usage si courant qu'il était généralement considéré comme le mot type de l'ouvrage, ce que Nietzsche eût peut-être voulu indiquer dans le titre même.

La deuxième *Considération inactuelle* fut composée à Bâle durant l'automne de 1873. L'impression, commencée en janvier 1874, à Leipzig, fut terminée en février. Erwin Rhode, le philologue ami de Nietzsche, l'aida à la correction des épreuves et proposa quelques changements qui furent presque tous utilisés. L'ouvrage parut chez E. W. Fritzsch à Leipzig.

La première édition de *la Généalogie de la Morale* (1887) indique, sur sa couverture, la deuxième *Considération inactuelle* sous la forme suivante : *Nous autres historiens. Contribution à la pathogénie de l'âme moderne.*

La présente traduction a été faite sur le premier volume des *Œuvres complètes* de Frédéric Nietzsche, publié en 1893 par le *Nietzsche-Archiv,* chez C. G. Naumann à Leipzig.

Voici maintenant quelques notes relatives à la traduction :

Page 42, ligne 7 du bas : jeu de mot sur prendre et surprendre (*es gefaellt uns nicht ob es gleich auffaellt*).

— 58, ligne 8 du bas : jeu de mot sur *aufschlagen* (ouvrir) et *schlagen* (frapper).

— 96, ligne 12 du haut : ... il lui faudrait d'abord le prendre (*musste er erst einen annehmen*).

— 139, ligne 8 du bas : Nietzsche est ici hanté pour la première fois par l'idée de l' « Eternel retour ».

— 176, ligne 3 du bas : jeu de mot sur forme (*Form*) et uniforme (*Uniform*).

— 203, ligne 4 du bas : jeu de mot sur fait (*fertig*) et trop fait (*überfertig*).

— 247, ligne 11 du haut : jeu de mot sur mensonge pieux (*Nothlüge*) et vérité pieuse (*Nothwahrheit*).

HENRI ALBERT

TABLE DES MATIÈRES

ACHEVÉ D'IMPRIMER

le six octobre mil neuf cent sept

PAR

BLAIS ET ROY

A POITIERS

pour le

MERCVRE

DE

FRANCE

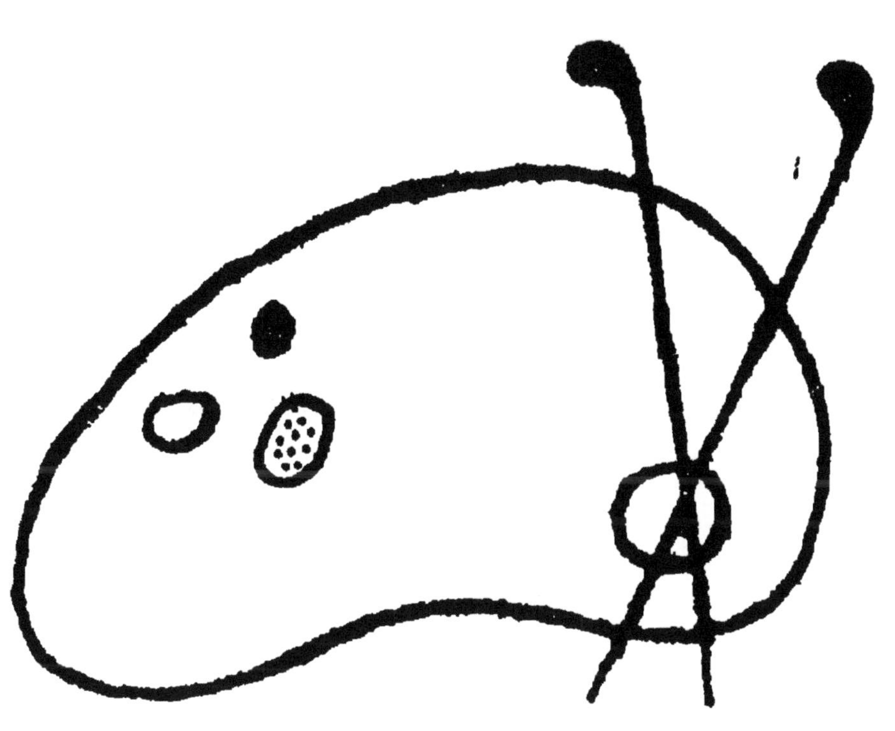

Début d'une série de documents
en couleur

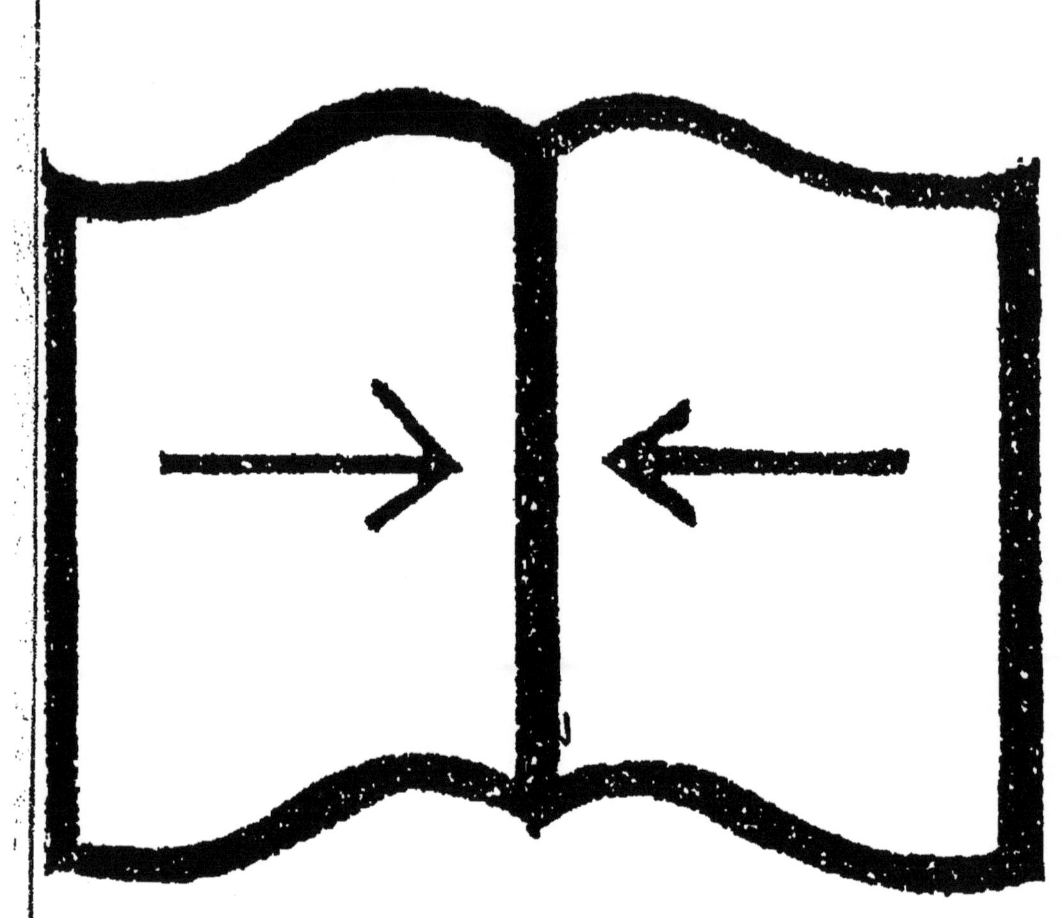

RELIURE SERREE
Absence de marges
intérieures

EXTRAIT DU CATALOGUE

DES ÉDITIONS DV MERCVRE DE FRANCE

Philosophie — Science — Sociologie

EDMOND BARTHÈLEMY

Thomas Carlyle.............. 3.50

H.-B. BREWSTER

'Ame païenne.............. 3.50

THOMAS CARLYLE

Pamphlets du Dernier Jour.... 3.50

Sartor Resartus.............. 3.50

J.-A. DULAURE

)es Divinités génératrices (*Le Culte du Phallus*).......... 3.50

JULES DE GAULTIER

Le Bovarysme............... 3.50

La Fiction universelle......... 3.50

De Kant à Nietzsche.......... 3.50

Nietzsche et la Réforme philosophique................... 3.50

Les Raisons de l'Idéalisme..... 3.50

REMY DE GOURMONT

Physique de l'amour. *Essai sur l'instinct sexuel*............ 3.50

Promenades Philosophiques.... 3.50

PIERRE LASSERRE

Les Idées de Nietzsche sur la Musique................ 3.50

La Morale de Nietzsche........ 3.50

MAURICE MAETERLINCK

Le Trésor des Humbles........ 3.50

MULTATULI

Pages choisies............... 3.50

FREDÉRIC NIETZSCHE

Ainsi parlait Zarathoustra...... 3.

Aurore...................... 3.

Le Crépuscule des Idoles, le Cas Wagner, Nietzsche contre Wagner, l'Antéchrist........ 3.

Le Gai savoir................ 3.

La Généalogie de la Morale.... 3.

Humain, trop Humain (1re partie)...................... 3.

L'Origine de la Tragédie....... 3.

Pages choisies............... 3.

Par delà le bien et le mal...... 3.

La Volonté de Puissance, 2 volumes.................. 7

Le Voyageur et son Ombre (*Humain, trop Humain*, 2e partie).................... 3.

PÉLADAN

Supplique à S. S. le Pape PieX pour la réforme des canons en matière de divorce.......... 1

CARL SIGER

Essai sur la Colonisation...... 3.5

LÉON TOLSTOI

Dernières Paroles............ 3.5

H.-G. WELLS

Anticipations................ 3.5

La Découverte de l'Avenir..... 1

Collection de Romans

CLAIRE ALBANE

'Amour tout simple.......... 3.50

ANONYME

ettres d'amour d'une Anglaise. 3.50

AUREL

s Jeux de la Flamme........ 3.50

MARCEL BATILLIAT

Beauté................. 3.50

air mystique............... 3.50

Joie..................... 3.50

rsailles-aux-Fantômes....... 3.50

MAURICE BEAUBOURG

eu, ou pas Dieu............ 3.50

rue Amoureuse.............. 3.50

ALOYSIUS BERTRAND

Gaspard de la Nuit........... 3.5

LÉON BLOY

La Femme pauvre............ 3.5

JUDITH CLADEL

Confessions d'une Amante...... 3.5

MRS W.-K. CLIFFORD

Lettres d'amour d'une Femme du monde................ 3.5

J.-A. COULANGHEON

Le Béguin de Gô............. 3.5

L'Inversion sentimentale....... 3.5

Les Jeux de la Préfecture...... 3.5

GASTON DANVILLE

Amour Magicien............ 3.5o
ntes d'Au-delà............. 6 »
Parfum de volupté......... 3.5o
s Reflets du Miroir.......... 3.5o

JACQUES DAURELLE

Troisième Héloïse.......... 3.5o

ALBERT DELACOUR

Evangile de Jacques Clément. 3.5o
Pape rouge............... 3.5o
Roy..................... 3.5o

LOUIS DELATTRE

Loi de Péché.............. 3.5o

GRAZIA DELEDDA

s Tentations............... 3.5o

EUGÈNE DEMOLDER

'Agonie d'Albion............ 3 »
'Arche de M. Cheunus....... 2 »
e Cœur des Pauvres......... 3.5o
e Jardinier de la Pompadour.. 3.5o
es Patins de la Reine de Hollande.................. 3.5o
a Route d'Emeraude........ 3.5o

CHARLES DERENNES

'Amour fessé............... 3.5o
e Peuple du Pôle........... 3.5o

DOSTOIEVSKI

arnet d'un Inconnu.......... 3.5o
e Double.................. 3.5o

ÉDOUARD DUCOTÉ

Aventures.................. 3.5o

ÉDOUARD DUJARDIN

L'Initiation au Péché et à l'Amour...................... 3.5o
Les Lauriers sont coupés...... 3.5o

LOUIS DUMUR

Un Coco de génie............. 3.5o
Pauline ou la liberté de l'amour. 3.5o

GEORGES EEKHOUD

L'Autre Vue................ 3.5o
Le Cycle patibulaire.......... 3.5o
Escal-Vigor................. 3.5o
La Faneuse d'amour.......... 3.5o
Mes Communions............ 3.5o

ALBERT ERLANDE

Jolie Personne.............. 3.5o
Le Paradis des Vierges sages... 3.5o

LAURENT EVRARD

GABRIEL FAURE

La dernière Journée de Sapphô. 3.5

ANDRÉ FONTAINAS

L'Indécis.................... 3.5
L'Ornement de la Solitude..... 2

ANDRE GIDE

L'Immoraliste............... 3.5
Les Nourritures Terrestres..... 3.5
Le Prométhée mal enchaîné.... 2
Le Voyage d'Urien, suivi de Paludes.................... 3.5

A. GILBERT DE VOISINS

La Petite Angoisse........... 3.5

GINKO ET BILOBA

Le Voluptueux Voyage ou les Pèlerines de Venise........... 3.5

MAXIME GORKI

L'Angoisse.................. 3.
L'Annonciateur de la Tempête.. 3.
Les Déchus.................. 3.
Les Vagabonds............... 3.
Varenka Olessova............ 3.

REMY DE GOURMONT

Les Chevaux de Diomède...... 3.
Un Cœur virginal............ 3.
Une Nuit au Luxembourg..... 3.
D'un Pays lointain........... 3.
Le Pèlerin du Silence......... 3.
Le Songe d'une femme........ 3.

THOMAS HARDY

Barbara.................... 3.

FRANK HARRIS

Montès le Matador........... 3.

A.-FERDINAND HEROLD

L'Abbaye de Sainte-Aphrodise.. 2
Les Contes du Vampire........ 3

CHARLES-HENRY HIRSCH

La Possession................ 3
La Vierge aux tulipes......... 3

EDMOND JALOUX

L'Agonie de l'Amour......... 3
L'Ecole des Mariages......... 3
Le Jeune Homme au Masque... 3
Les Sangsues................ 3

FRANCIS JAMMES

Almaïde d'Etremont.......... 2
Pensée des Jardins........... 2
Pomme d'Anis............... 2
Le Roman du Lièvre........... 3

ALFRED JARRY

Les Jours et les Nuits......... 3.5o

ALBERT JUHELLÉ

La Crise virile............... 3.5o

GUSTAVE KAHN

Le Conte de l'Or et du Silence.. 3.5o

RUDYARD KIPLING

Les Bâtisseurs de Ponts........ 3.5o
L'Histoire des Gadsby......... 3.5o
L'Homme qui voulut être roi... 3.5o
Kim.......................... 3.5o
Le Livre de la Jungle......... 3.5o
Le Second Livre de la Jungle... 3.5o
La plus belle Histoire du monde 3.5o
Stalky et Cie................ 3.5o
Sur le Mur de la Ville........ 3.5o

HUBERT KRAINS

Amours rustiques 3.5o
Le Pain noir................. 3.5o

MARIE KRYSINSKA

La Force du Désir........... 3.5o

LACLOS

Les Liaisons dangereuses (édition collationnée sur le manuscrit)................ 3.5o

A. LACOIN DE VILLEMORIN ET Dr KHALIL-KHAN

Le Jardin des Délices......... 3.5o

JULES LAFORGUE

Moralités légendaires, suivies des *Deux Pigeons*. 3.5o

CAMILLE LEMONNIER

La Petite Femme de la Mer.... 3.5o

PAUL LÉAUTAUD

Le Petit Ami................. 3.5o

JEAN LORRAIN

Contes pour lire à la chandelle.. 2 »

HENRI MALO

Les Messieurs du Cabinet...... 3.5o
Les Dauphins du jour......... 3.5o

RAYMOND MARIVAL

Chair d'Ambre................ 3.5o
Le Çof, *Mœurs kabyles*....... 3.5o

CHARLES MERKI

Margot d'Été................. 3.5o

EUGÈNE MOREL

Les Boers.................... 2 »

JEAN MOREAS

Contes de la Vieille France.... 3.5

ALAIN MORSANG ET JEAN BESLIÈRE

La Mouette.................. 3.5

MARIE ET JACQUES NERVAT

Célina Landrot............... 3.5

WALTER PATER

Portraits Imaginaires 3.5

JOSEPHIN PÉLADAN

La Licorne.................. 3.5
Modestie et Vanité........... 3.5
Le Nimbe noir............... 3.5
Péregrine et Péregrin......... 3.5

PIERRE DE QUERLON

La Boule de Vermeil.......... 3.5
Céline, fille des champs....... 3.5
Les Joues d'Hélène.......... 3.5
La Liaison fâcheuse.......... 3.5
La Maison de la Petite Livia... 3.5

PIERRE DE QUERLON ET CHARLES VERRIER

Les Amours de Leucippe et de Clitophon................. 3.5

PIERRE QUILLARD

Les Mimes d'Hérondas....... 2

THOMAS DE QUINCEY

De l'Assassinat considéré comme un des Beaux-Arts........ 3.5

RACHILDE

Contes et Nouvelles.......... 3.5
Le Dessous.................. 3.5
L'Heure sexuelle............. 3.5
Les Hors nature.............. 3.5
L'Imitation de la Mort........ 3.5
La Jongleuse................ 3.5
Le Meneur de Louves......... 3.5
La Sanglante Ironie.......... 3.5
La Tour d'Amour............ 3.5

HUGUES REBELL

Le Diable est à table 3.5

HENRI DE REGNIER

Les Amants Singuliers........ 3.5
Le Bon Plaisir............... 3.5
La Canne de Jaspe........... 3.5
La Double Maîtresse.......... 3.5
Le Mariage de Minuit........ 3.5
Le Passé vivant.............. 3.5
La Peur de l'Amour.......... 3.5
Les Rencontres de M. de Bréot. 3.5
Les Vacances d'un Jeune Homme sage

JULES RENARD

Vigneron dans sa Vigne.... 3.5o

WILLIAM RITTER

lette slovaque............ 3.5o
urs Lys et leurs Roses...... 3.5o
Passante des Quatre Saisons. 3.5o

LUCIEN ROLMER

adame Fornoul et ses Héritiers. 2 »

JEAN RODES

lolescents................ 3.5o

J.-H. ROSNY

s Xipéhuz................ 2 »

EUGÈNE ROUART

Villa sans Maître.......... 3.5o

SAINT-POL-ROUX

e la Colombe au Corbeau par le Paon................ 3.5o
a Rose et les Epines du Chemin 3.5o

ALBERT SAMAIN

ontes.................... 3.5o

ROBERT SCHEFFER

es Frissonnantes........... 3.5o
es Loisirs de Berthe Livoire... 3.5o
e Péché mutuel............. 3.5o

MARCEL SCHWOB

a Lampe de Psyché........ 3.5o

R.-L. STEVENSON

a Flèche noire............ 3.5o

IVAN STRANNIK

'Appel de l'Eau............ 3.5o

AUGUSTE STRINDBERG

xel Borg................. 3.5o
nferno.................. 3.5o

JEAN DE TINAN

imienne ou le Détournement de mineure.............. 3.5o

L'Exemple de Ninon de Lenclos amoureuse............... 3.5o
Penses-tu réussir ?.......... 3.5o

P.-J. TOULET

Mon amie Nane.............. 3.5o
Les Tendres Ménages......... 3.5o

MARK TWAIN

Contes choisis............... 3.5o
Exploits de Tom Sawyer détective et autres nouvelles....... 3.5o
Un Pari de Milliardaires....... 3.5o
Plus fort que Sherlock Holmès. 3.5o
Le Prétendant américain....... 3.5o

EUGÈNE VERNON

Gisèle Chevreuse............ 3.5o

JEAN VIOLLIS

Petit Cœur.................. 2 »

H.-G. WELLS

L'Amour et M. Lewisham..... 3.5o
La Guerre des Mondes......... 3.5o
Une Histoire des Temps à venir. 3.5o
L'Ile du Docteur Moreau...... 3.5o
La Machine à explorer le Temps. 3.5o
La Merveilleuse Visite......... 3.5o
Miss Waters................. 3.5o
Les Pirates de la Mer.......... 3.5o
Place aux Géants............ 3.5o
Les Premiers Hommes dans la Lune..................... 3.5
Quand le Dormeur s'éveillera... 3.5

WILLY

Claudine en ménage.......... 3.5

COLETTE WILLY

La Retraite sentimentale....... 3.5
Sept Dialogues de Bêtes....... 3.5

Poésie

LÉON BOCQUET

Les Cygnes noirs............ 3.5o

MARIE DAUGUET

Par l'Amour................ 3.5o

ÉMILE DESPAX

La Maison des Glycines........ 3.5o

EDOUARD DUCOTE

La Prairie en fleurs.......... 3.5o
Renaissance............... 3.5o

MAX ELSKAMP

La Louange de la Vie......... 3.5o

ANDRÉ FONTAINAS

Crépuscules................ 3.5o

PAUL FORT

Ballades Françaises.......... 3.5
Coxcomb, ou l'homme tout nu tombé du Paradis.......... 3.5
Les Hymnes de feu, précédés de Lucienne............. 3.
Idylles antiques............. 3.
Montagne................. 3.
Paris Sentimental ou le Roman de nos vingt ans.......... 3.
Le Roman de Louis XI........ 3.

PAUL GERARDY

Roseaux.................. 3.

LOUIS PAYEN

MAURICE POTTECHER

e Chemin du Repos.......... 3 »

HENRI GHEON

a Solitude de l'Eté.......... 3.50

CHARLES GUÉRIN

e Cœur solitaire.......... 3.50
'Homme intérieur.......... 3.50
e Semeur de Cendres........ 3.50

A.-FERDINAND HEROLD

u hasard des chemins........ 2 »
nages tendres et merveilleuses. 3.50

ROBERT D'HUMIÈRES

u Désir aux Destinées....... 3.50

HENRIK IBSEN

oésies.................... 3.50

FRANCIS JAMMES

e l'Angelus de l'Aube à l'Angelus du Soir............... 3.50
lairières dans le Ciel......... 3.50
e Deuil des Primevères....... 3.50
e Triomphe de la Vie......... 3.50

GUSTAVE KAHN

e Livre d'Images............. 3.50
remiers Poèmes.......... 3.50

KLINGSOR

chéhérazade.................. 3.50

MARC LAFARGUE

Age d'Or.................... 3.50

JULES LAFORGUE

oésies complètes............. 3.50

LOUIS LE CARDONNEL

oèmes...................... 3.50

SÉBASTIEN CHARLES LECONTE

e Sang de Méduse........... 3.50
a Tentation de l'Homme..... 3 50

CHARLES VAN LERBERGHE

a Chanson d'Eve........... 3.50
ntrevisions................. 3.50

GRÉGOIRE LE ROY

a Chanson du Pauvre........ 3.50

STUART MERRILL

oèmes, 1887-1897.......... 3.50
es Quatre Saisons........... 3.50

ADRIEN MITHOUARD

es Impossibles Noces........ 2.50
e Pauvre Pêcheur........... 3.50

ALBERT MOCKEL

ariés....................... 3 »

JEAN MORÉAS

es Stances.................. 3.50

MARIE ET JACQUES NERVAT

s Rêves unis............ 3.50

FRANÇOIS PORCHÉ

PIERRE QUILLARD

La Lyre héroïque et dolente.... 3.5

ERNEST RAYNAUD

La Couronne des Jours........ 3.5

HUGUES REBELL

Chants de la Pluie et du Soleil. 3.5

HENRI DE RÉGNIER

La Cité des Eaux............ 3.5
Les Jeux rustiques et divins... 3.5
Les Médailles d'Argile........ 3.5
Poèmes, 1887-1892........... 3.5
Premiers Poèmes............ 3.5
La Sandale ailée............. 3.5

LIONEL DES RIEUX

Le Chœur des Muses......... 3.5

ARTHUR RIMBAUD

Œuvres de Jean-Arthur Rimbaud..................... 3.5

P.-N. ROINARD

La Mort du Rêve............ 3.5

RONSARD

Le Livret de Folastries........ 3.5

SAINTE-BEUVE

Le Livre d'Amour............ 3.5

ALBERT SAMAIN

Le Chariot d'Or............. 3.5
Aux Flancs du Vase, suivi de Polyphème et de Poèmes inachevés.................. 3.5
Au Jardin de l'Infante......... 3.5

PAUL SOUCHON

La Beauté de Paris........... 3.5

LAURENT TAILHADE

Poèmes aristophanesques...... 3.5
Poèmes élégiaques........... 3.5

R.-H. DE VANDELBOURG

La Chaîne des Heures......... 3.5

EMILE VERHAEREN

Les Forces tumultueuses...... 3.5
La Multiple Splendeur........ 3.5
Poèmes.................... 3.5
Poèmes, nouvelle série....... 3.5
Poèmes, IIIe série........... 3.5
Les Villes Tentaculaires, précédées des Campagnes Hallucinées..................... 3.5

FRANCIS VIELÉ-GRIFFIN

Clarté de Vie............... 3.5
La Légende ailée de Wieland le Forgeron............... 3.5
Phocas le Jardinier........... 3.5
Plus loin.................. 3.5

Théâtre

HENRY BATAILLE
on Sang, précédé de La Lépreuse....... 3.5o

PAUL CLAUDEL
Agamemnon d'Eschyle....... 2 »
Arbre....... 3.5o

MARCEL COLLIÈRE
es Syracusaines....... 1 »

ÉDOUARD DUJARDIN
ntonia....... 3.5o

ANDRE GIDE
aül. Le Roi Candaule....... 3.5o

MAXIME GORKI
ans les Bas-Fonds....... 3.5o
es Petits Bourgeois....... 3.5o

REMY DE GOURMONT
ilith, suivie de Théodat....... 3.5o

GERHART HAUPTMANN
a Cloche engloutie....... 3.5o

A.-FERDINAND HEROLD
'Anneau de Çakuntalâ....... 3 »
es Hérétiques....... 1 »
àvitri....... 1 »
Jne jeune femme bien gardée.. 1 »

VIRGILE JOSZ ET LOUIS DUMUR
Rembrandt....... 3.5o

JEAN LORRAIN ET A.-FERDINAND HEROLD
Prométhée....... 1 »

CHARLES VAN LERBERGHE
es Flaireurs....... 1 »
Pan....... 3.5o

EMERICH MADACH
La Tragédie de l'Homme....... 3

F.-T. MARINETTI
Le Roi Bombance....... 3.5

JEAN MORÉAS
Iphigénie, tragédie en 5 actes... 3.5

PELADAN
Œdipe et le Sphinx....... 1
Sémiramis....... 1

RENE PETER
La Tragédie de la Mort....... 1

GEORGES POLTI
Les Cuirs de Bœuf....... 3.5

RACHILDE
Théâtre....... 3.5

PAUL RANSON
L'Abbé Prout, *Guignol pour les vieux enfants*. Préface de Georges Ancey. Illustrations de Paul Ranson....... 3.5

ALBERT SAMAIN
Polyphème, 2 actes....... 1

SAINT-POL-ROUX
La Dame à la faulx....... 3.5

PAUL SOUCHON
Le Dieu nouveau, tragédie en 3 actes....... 1
Phyllis, tragédie en 5 actes..... 2

ÉMILE VERHAEREN
Philippe II....... 3.5

Histoire — Critique — Littérature

PIERRE D'ALHEIM
Moussorgski....... 3.5o
Sur les pointes (mœurs russes). 3.5o

J. BARBEY D'AUREVILLY
Lettres à Léon Bloy....... 3.5o
Lettres à une Amie....... 3.5o

J.-M. BARRIE
Margaret Ogilvy....... 3.5o

CHARLES BAUDELAIRE
Lettres, 1841-1866....... 3.5o

ANDRÉ BEAUNIER
La Poésie Nouvelle....... 3.5o

DIMITRI DE BENCKENDORFF
La Favorite d'un Tzar....... 3.5o

PATERNE BERRICHON
[illegible] 3.5

AD. VAN BEVER ET PAUL LÉAUTAUD
Poètes d'aujourd'hui, 1880-1900. *Morceaux choisis*....... 3.

AD. VAN BEVER ET ED. SANSOT-ORLAND
Œuvres galantes des Conteurs italiens....... 3.
Œuvres galantes des Conteurs italiens, IIe série....... 3.

LEON BLOY
La Chevalière de la Mort....... 2
Les Dernières Colonnes de l'Église....... 3
Exégèse des Lieux Communs... 3
Le Fils de Louis XVI....... 3
Mon Journal (pour faire suite au [illegible] 3

Pages choisies................ 3.50
Quatre Ans de Captivité à Cochons-sur-Marne............ 3.50

LEON BOCQUET

Albert Samain............... 3.50

EUGÈNE CARRIÈRE

Écrits et Lettres choisies....... 3.50

FERNAND CAUSSY

Laclos.................... 3.50

CHAMFORT

Les plus belles pages de Chamfort 3.50

PAUL CLAUDEL

Connaissance de l'Est.......... 3.50
Art poétique................ 3.50

JULES DELASSUS

Les Incubes et les Succubes.... 1 »

EUGÈNE DEMOLDER

L'Espagne en auto............ 3.50

HENRY DETOUCHE

De Montmartre à Montserrat (*illustré*)................ 3.50

ÉDOUARD DUJARDIN

La Source du Fleuve chrétien... 3.50

GEORGES DUVIQUET

Héliogabale................ 3.50

EDMOND FAZY ET ABDUL HALIM MEMDOUH

Anthologie de l'amour turc 3.50

ANDRÉ FONTAINAS

Histoire de la Peinture française au XIXe siècle............. 3.50

ANDRÉ GIDE

Prétextes, *Réflexions sur quelques points de Littérature et de Morale*................ 3.50

A. GILBERT DE VOISINS

Sentiments................ 3.50

COMTE DE GOBINEAU

Pages choisies 3.50

REMY DE GOURMONT

Le Chemin de Velours. *Nouvelles Dissociations d'idées*....... 3.50
La Culture des Idées......... 3.50
Epilogues. *Réflexions sur la vie* (1895-1898)................ 3.50
Epilogues. *Réflexions sur la vie* (1899-1901)............... 3.50
Epilogues. *Réflexions sur la vie* (1902-1904)............... 3.50
Esthétique de la langue française 3.50
Le Livre des Masques, *Portraits symbolistes* 3.50

Le IIe Livre des Masques....... 3.5
Le Problème du Style......... 3.5
Promenades littéraires (I)...... 3.5
Promenades littéraires (II)..... 3.50

HENRI HEINE

Les plus belles pages de Henri Heine 3.5

A.-FERDINAND HEROLD

Le Livre de la Naissance, de la Vie et de la Mort de la Bienheureuse Vierge Marie. 6

ROBERT D'HUMIÈRES

L'Ile et l'Empire de Grande-Bretagne.................... 3.5

VIRGILE JOSZ

Fragonard, *Mœurs du XVIIIe siècle*.................. 3.5
Watteau, *Mœurs du XVIIIe siècle*.................. 3.5

RUDYARD KIPLING

Lettres du Japon............. 3.5

LACLOS

Lettres inédites.............. 3.50

JULES LAFORGUE

Mélanges posthumes. Portrait de l'auteur par Théo van Rysselberghe............... 3.50

PIERRE LASSERRE

Le Romantisme français....... 7.50

MARIUS-ARY LEBLOND

Leconte de Lisle.............. 3.50

G. LE CARDONNEL ET CH. VELLAY

La Littérature contemporaine (1905)................. 3.50

EDMOND LEPELLETIER

Paul Verlaine, sa Vie, son Œuvre. 3.50

LOYSON-BRIDET

Mœurs des Diurnales. *Traité de Journalisme*............ 3.50

EMILE MAGNE

Madame de Villedieu.......... 3.50
Scarron et son milieu 3.50

RENE MARTINEAU

Tristan Corbière............. 3 »

FERDINAND DE MARTINO

Anthologie de l'amour arabe... 3.50

CAMILLE MAUCLAIR

Jules Laforgue............... 2.50

HENRI MAZEL

Ce qu'il faut lire dans sa vie ... 3.5

ÉDOUARD MAYNIAL
La Vie et l'Œuvre de Guy de Maupassant.............. 3.50

GEORGE MEREDITH
Essai sur la Comédie.......... 2 »

ADRIEN MITHOUARD
Le Tourment de l'Unité........ 3.50

ALBERT MOCKEL
Charles Van Lerberghe........ 1 »
Un Héros : Stéphane Mallarmé. 1 »
Emile Verhaeren.............. 2 »
Propos de Littérature.......... 3 »

CHARLES MORICE
Eugène Carrière.............. 3.50

JACQUES MORLAND
Enquête sur l'Influence allemande.................... 3.50

ALFRED DE MUSSET
Correspondance............... 3.50
Les plus belles pages d'Alfred de Musset.................... 3.50

GERARD DE NERVAL
Les plus belles pages de Gérard de Nerval................. 3.50

CAMILLE PITON
Paris sous Louis XV.......... 3.50

HENRI DE RÉGNIER
Figures et Caractères.......... 3.50
Sujets et Paysages........... 3.50

RÉTIF DE LA BRETONNE
Les plus belles pages de Rétif de la Bretonne 3.50

ARTHUR RIMBAUD
Lettres de Jean-Arthur Rimbaud.................... 3.50

WILLIAM RITTER
Etudes d'Art étranger......... 3.50

RIVAROL
Les plus belles pages de Rivarol 3.50

JOHN RUSKIN
La Bible d'Amiens............ 3.50
Sésame et les Lys............ 3.50

JULES SAGERET
Les Grands Convertis.......... 3.50

SAINTE-BEUVE
Lettres inédites à M. et Mme Juste Olivier.............. 3

MARCEL SCHWOB
Spicilège................... 3.

LEON SÉCHÉ
Alfred de Musset. I. L'Homme et l'Œuvre, les Camarades ; II. Les Femmes. 2 vol.......... 7
Lamartine (*1816-1830*)........ 3.
Sainte-Beuve. I. Son Esprit, ses Idées; II. Ses Mœurs. 2 vol... 7

ROBERT DE SOUZA
La Poésie populaire et le Lyrisme sentimental............ 3.

TALLEMANT DES RÉAUX
Les plus belles pages de Tallemant des Réaux........... 3.

CASIMIR STRYIENSKI
Soirées du Stendhal-Club...... 3.

ARCHAG TCHOBANIAN
L'Arménie, son Histoire, sa Littérature, son rôle en Orient.. 1
Les Trouvères arméniens...... 3

TEI-SAN
Notes sur l'Art japonais : La Peinture et la Gravure......... 3
Notes sur l'Art japonais : La Sculpture et la Ciselure......... 3

THÉOPHILE
Les plus belles pages de Théophile................... 3

TOLSTOI
Vie et Œuvre, Mémoires, 2 vol. 7

E. VIGIÉ-LECOCQ
La Poésie contemporaine, 1884-1896.................... 3

OSCAR WILDE
De Profundis, précédé de Lettres écrites de la prison et suivi de la Ballade de la Geôle de Reading 3

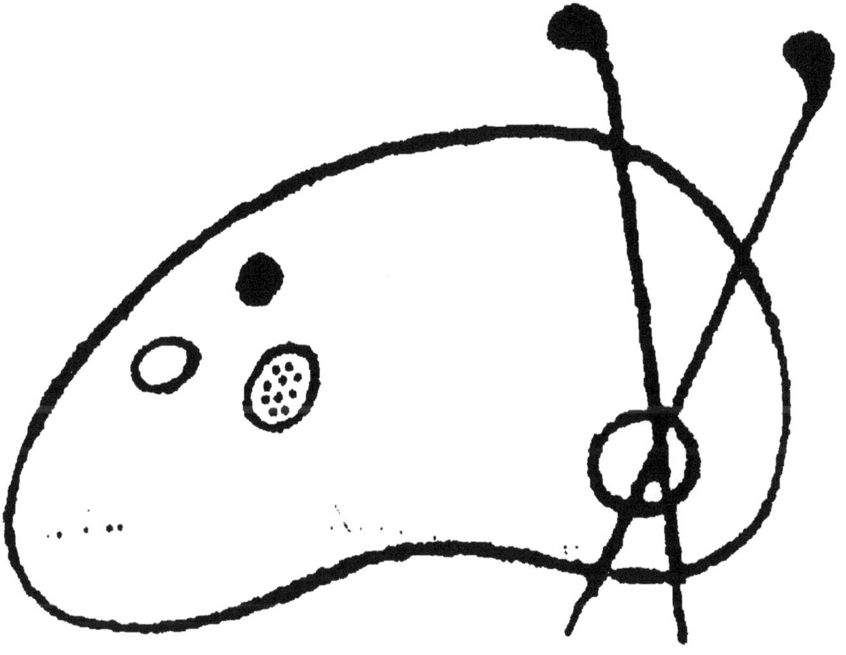

Fin d'une série de documents
en couleur

www.ingramcontent.com/pod-product-compliance
Ingram Content Group UK Ltd.
Pitfield, Milton Keynes, MK11 3LW, UK
UKHW020112200726
13856UKWH00002B/505